苏州红色文化资源手册

SUZHOU
HONGSE WENHUA
ZIYUAN SHOUCE

中共苏州市委党史工作办公室
苏州市中共党史学会 编著

苏州大学出版社
Soochow University Press

图书在版编目(CIP)数据

苏州红色文化资源手册 / 中共苏州市委党史工作办公室,苏州市中共党史学会编著. -- 苏州:苏州大学出版社,2024.6
  ISBN 978-7-5672-4813-7

Ⅰ. ①苏… Ⅱ. ①中… ②苏… Ⅲ. ①革命纪念地-苏州-手册 Ⅳ. ①K878.2-62

中国国家版本馆 CIP 数据核字(2024)第 094868 号

书　　名：苏州红色文化资源手册
SUZHOU HONGSE WENHUA ZIYUAN SHOUCE

编　　著：中共苏州市委党史工作办公室　苏州市中共党史学会
责任编辑：杨　柳
装帧设计：刘　俊

出版发行：苏州大学出版社(Soochow University Press)
社　　址：苏州市十梓街 1 号　邮编：215006
印　　刷：苏州市越洋印刷有限公司
邮购热线：0512-67480030
销售热线：0512-67481020

开　　本：718 mm×1 000 mm　1/16　印张：22　字数：359 千
版　　次：2024 年 6 月第 1 版
印　　次：2024 年 6 月第 1 次印刷
书　　号：ISBN 978-7-5672-4813-7
定　　价：68.00 元

若有印装错误,本社负责调换
苏州大学出版社营销部　电话：0512-67481020
苏州大学出版社网址　http://www.sudapress.com
苏州大学出版社邮箱　sdcbs@suda.edu.cn

在一百年的非凡奋斗历程中，一代又一代中国共产党人顽强拼搏、不懈奋斗，涌现了一大批视死如归的革命烈士、一大批顽强奋斗的英雄人物、一大批忘我奉献的先进模范，形成了井冈山精神、长征精神、遵义会议精神、延安精神、西柏坡精神、红岩精神、抗美援朝精神、"两弹一星"精神、特区精神、抗洪精神、抗震救灾精神、抗疫精神等伟大精神，构筑起了中国共产党人的精神谱系……要教育引导全党大力发扬红色传统、传承红色基因，赓续共产党人精神血脉，始终保持革命者的大无畏奋斗精神，鼓起迈进新征程、奋进新时代的精气神。

——习近平

《苏州红色文化资源手册》编纂委员会

主　　编　高志罡　徐海明　朱　江

副 主 编　陈　波　诸晓春

执行主编　盛震莺

编　　委　毛建锋　潘志英　芮　萌　王　豪　王　恒
　　　　　柳建刚　周昕艳　张红兰　顾振伟　赵　琛
　　　　　徐　进

撰　　稿（按姓氏笔画排列）
　　　　　成晓鹏　朱敏峰　任亚峰　刘品玉　闫　昊
　　　　　李星雨　张　军　张　晶　张肖千　陆文琰
　　　　　陈　洁　金善开　周艳红　胡小军　查燕华
　　　　　顾　萍　顾秋红　黄宏庆　曹丽琴　储　怡
　　　　　蔡　磊

特约审稿　宋立春

前 言

习近平总书记指出："红色资源是我们党艰辛而辉煌奋斗历程的见证，是最宝贵的精神财富。"2024年1月12日，江苏省十四届人大常委会第七次会议通过了《江苏省红色资源保护利用条例》，条例于2024年3月1日起施行。为全面了解苏州丰富的党史资源，推进红色资源保护利用工作，大力弘扬党的光荣传统和革命精神，中共苏州市委党史工作办公室联合苏州市中共党史学会编纂了《苏州红色文化资源手册》。

苏州是一方具有光荣革命传统的红色热土，从中共苏州独立支部的"红色起点"到江南抗日义勇军（简称"江抗"）的"芦荡火种"，从太湖烟波的"冲山之围"到铁铃关的"解放枪声"；从乡镇企业异军突起到中新合作缔造传奇，从勾勒小康图景到勾画现代化目标，苏州人民在中国共产党的领导下，为争取民族独立、人民解放和国家富强、人民幸福，浴血奋战，砥砺前行，留下了许多珍贵的革命遗址。新中国成立后，党和政府兴建了大批纪念场馆和烈士陵园。本书按照红色资源类型，分为四编，共收录革命旧址、遗址75处，纪念设施77处，具有代表性的资源51处，重要文物45件（套），并收录了其他遗址44处和苏州市爱国主义教育基地名录、党史教育基地名录及红色地名名录。

革命文物是红色记忆代代相传的重要载体，是最鲜活的红色文化记录。为了让革命文物"活"起来，充分发挥革命遗址遗迹在革命精神教育上的独特优势，苏州各地以革命旧址的保护利用为根本，把革命旧址打造成一个个独具特色的革命精神教育殿堂。《苏州红色文化资源手册》详细记录了苏州市内红色文化资源的名称、地址、面积、建筑样式及形成时间、利用时间等基本情况，简要介绍了资源的历史由来、陈列物品、保护利用状况等，力求展现100年来苏州人民在各个革命历史时期不屈不挠、英勇顽强、可歌可泣的光辉历程，为全市开展党史学习和爱国主义教育提供权威的教科书。

习近平总书记强调："一切向前走，都不能忘记走过的路；走得再远、走到再光辉的未来，也不能忘记走过的过去，不能忘记为什么出发。"回首波澜壮阔的百年党史，无数仁人志士在为中国人民谋幸福、为中华民族谋复兴的光辉历程中，在中华大地上留下了一座座丰碑。我们要赓续精神血脉，传承红色基因，以"赶考"的雄心壮志，锻造出担当的铁肩膀、实干的硬功夫，走好新时代的"长征路"，奋力谱写"强富美高"新江苏现代化建设苏州新篇章。

2024年6月

目 录

第一编　革命旧址、遗址

张家港市

- 2　1926年中国共产党金村支部旧址
- 3　谢恺烈士故居
- 4　后塍农民暴动纪念地（学勤广场）
- 5　占文桥农民暴动旧址
- 6　蔡悲鸿办公旧址
- 7　谭震林抗战动员大会纪念地
- 8　南横套战斗遗址

常熟市

- 9　中共常熟特别支部活动旧址（中共常熟党史馆暨李强革命历程展示馆）
- 10　中共王庄支部活动旧址（黄草荡革命旧址）
- 11　中共常熟县代表大会会址（联珠洞）
- 12　问村秘密联络站旧址（薛家大院）
- 13　常熟人民抗日自卫队成立旧址
- 14　江抗东路司令部筹备会议旧址
- 15　利群商店旧址
- 16　新四军养伤处（江抗后方医院流驻处旧址）
- 17　《大众报》创刊发行地旧址

19 何市各界人士代表会议旧址（四面厅）

20 常熟县人民抗日自卫会成立大会会址

21 江抗唐市办事处旧址（望贤楼）

22 朱爱秾烈士故居

23 武工队奇袭吴市（伪警察所）旧址

24 鲍志椿故居

25 朱文康故居

26 程飞白故居（杨浩庐办公旧址）

27 仲国鋆故居

28 李强故居

太仓市

29 太仓人民支援五卅运动旧址（天妃宫）

30 周斌烈士牺牲处

31 新四军解放璜泾战斗遗址（西塔）

32 解放璜泾战斗县大队指挥部旧址

33 吴晓邦故居

昆山市

34 中共昆山独立支部旧址

35 大凤湾战斗遗址（大凤湾战斗纪念馆）

36 中共淞沪中心县委旧址（中共淞沪中心县委纪念馆）

苏州市区

37 震泽丝业公学旧址

38 中共苏州独立支部旧址

39 吴县县立乡村师范、启新中学旧址

40 鸿生火柴厂旧址

41 苏州总工会旧址（万寿宫）

42 伯乐中学旧址

43 张应春故居

44 张应春烈士墓（张应春烈士纪念馆）

45 陈继昌烈士故居

46 中山堂

47 水家港支部——吴江区第一个农村党支部

48 太平桥会师遗址

49 叶飞与胡肇汉谈判处旧址

50 中共江南特委、苏州县（工）委、太平区工委旧址

51 中共苏州县（工）委交通联络站、江抗驻消泾办事处旧址（阳澄湖江抗纪念馆）

52 中共浙西路东特委和中共吴兴县委旧址

53 中共淞沪地委吴江秘密联络点旧址（大同文具店）

54 群乐旅社旧址

55 艺社旧址

56 戴忠烈士故居

57 中共苏西县武工队下绞伏击战遗址

58 新四军太湖平台山遭遇战遗址

59 太湖抗日游击队横山岛战斗地遗址

60 新四军太湖游击队漫山岛训练地遗址

61 秦大刚（江）故居

62 中共黎里支部秘密印刷厂旧址

63 周志敏烈士故居

64 苏州孩子图书馆旧址

65 中共洞庭区工委、新四军洞庭办事处旧址

66 太湖军政委员会旧址

67 太湖游击队西华联络点旧址

68 中共黎里支部联络点（小小商店）

69 交通部苏州电信局旧址

70 苏州电气股份有限公司旧址

71　解放苏州城区首战旧址（铁铃关）
72　跨省迎解放指挥所（震泽商会旧址）
73　上海战役指挥机关旧址
74　中国人民解放军第三野战军政治部旧址
75　解放军苏南军区太湖剿匪指挥部、太湖行政办事处旧址
76　吴晓邦故居
77　沈求我故居

第二编　纪念设施

张家港市

80　双山岛渡江胜利公园
82　巫山渡江战役登陆纪念碑
83　张家港市烈士陵园
84　童德载烈士铜像
85　南丰之战纪念地
86　沙洲县抗日民主政府纪念馆
87　红色新沙洲党史教育展览馆
88　永利村党史学习教育沉浸式体验园
89　大新抗战历史纪念园

常熟市

90　浒浦革命烈士纪念塔
91　谢桥三烈士墓
92　唐绍裘烈士墓
93　吴宗馨烈士墓
94　徐青萍、卢毅等烈士墓
95　李强叶落归根处

目录

96　常熟市烈士陵园

97　支塘烈士陵园

98　古里革命烈士陵园

99　海虞革命烈士陵园

100　沙家浜革命历史纪念馆

102　中共常熟县委重建暨常熟人民抗日武装诞生纪念碑

103　最胜庵遗址碑

太仓市

104　太仓革命烈士陵园

105　璜泾革命烈士陵园

106　陆渡烈士陵园

107　三家市烈士墓

108　太仓革命历史陈列馆

109　沙溪镇烈士陵园

110　太仓第一个党支部纪念馆

111　浏河镇革命烈士陵园

112　浮桥烈士陵园

113　于鹤辂烈士雕像

114　太仓县政府、太仓民抗成立大会纪念馆

昆山市

115　锦溪镇革命烈士陵园

116　昆山市烈士陵园

117　中共昆山独立支部纪念碑及昆山市第一中学校史陈列馆

118　七烈士英勇就义纪念碑亭及巴城革命建设史迹陈列室

119　保国亭

120　南巷战斗纪念碑及昆南淀山湖抗日游击根据地史迹陈列室

121 陶一球纪念馆

122 周达明烈士纪念馆及新四军淞沪抗日史迹陈列馆

苏州市区

123 五卅路纪念碑

124 东吴大学学生运动纪念碑

125 苏州烈士陵园

126 何山烈士陵园

127 震泽烈士陵园

128 吴中区烈士陵园

129 学雷锋纪念碑

130 镇湖街道烈士陵园

131 夏再生烈士纪念碑

132 三野四烈士陵园

133 澄阳街道烈士墓园

134 甪直革命烈士纪念碑

135 洋澄县政府纪念碑

136 张家浜战斗纪念碑

137 苏州革命博物馆

138 金瑞生烈士纪念广场

139 殷启辉烈士墓

140 夜袭浒墅关纪念碑

141 郭巷革命烈士纪念碑

142 黄桥烈士陵园

143 胡绳墓

144 新四军太湖游击支队纪念馆

145 盛泽烈士陵园

146 吴江烈士陵园

147 淑英广场

148 相城区烈士纪念馆

149 中共吴江党史资料陈列馆

150 姑苏区党史陈列展示馆暨姑苏区历史文化陈列展示馆

151 苏州大学英烈生平事迹展览馆

152 吴江党史馆

153 苏州市光华中学红色校史展示馆

154 洋沟溇战斗纪念碑

155 "星火耀湘小"红色教育基地

156 渡船头战斗纪念碑

157 "阳澄湖"红色地名文化边界墙

158 苏州高新区太湖红色印记纪念馆

第三编　具有代表性的资源

张家港市

160 张家港市档案馆

161 张家港博物馆

162 张家港市城市展示馆

163 "文明张家港"展示馆

164 永联展示馆

165 沙洲职业工学院校史馆

166 "初心如磐"沙钢党建馆

167 张家港保税区综合展示馆

168 "张闻明"志愿服务展示交流中心和网络文明素养实践教育基地

常熟市

170 常熟市档案馆

171 常熟博物馆
172 碧溪革命传统教育馆
173 梅李历史文化博物馆
174 蒋巷村史馆
175 王淦昌故居
176 "碧溪之路"展览馆
177 常熟城市展示馆
178 望虞河精神展示馆
179 "红色蜂蚁"革命传统教育馆
180 望虞河水情教育基地
181 旗杆大院红色印记陈列室
182 辛庄镇流金光影馆

太仓市

183 太仓市档案馆
184 太仓市规划展示馆
185 太仓市娄江新城规划展示馆
186 太仓市党员教育"心源"馆
187 太仓中德合作展示中心

昆山市

188 昆山市档案馆
189 "与时俱进的昆山之路"成果展

苏州市区

190 苏州市档案馆
191 吴中区档案馆
192 吴江档案馆

193　相城区档案馆

194　苏州工业园区档案管理中心

195　中国刺绣艺术馆

196　江村文化园

197　姑苏区档案馆

198　苏州高新区（虎丘区）档案馆

199　苏州工业园区展示中心

200　苏州公民道德馆

201　苏州市宪法宣传教育馆（相城区法治宣传教育中心）

202　东山奋进馆

203　苏州全国劳动模范事迹馆

204　苏州日报社报史馆

205　苏州古城保护展示馆（长洲县学大成殿）

206　苏州工匠广场

207　大阳山政德教育基地

208　高景山红色文化阵地

209　平江历史文化街区

210　杨嘉墀故居

211　程开甲故居

第四编　重要文物

214　《民气·大流血惨案专号》

215　近现代有关周水平的宣传品（附事略一份）

216　陈叔璇烈士临刑前照片

217　《劳动周报》

218　常熟开文社印《尚友》杂志

219　李建模致朱钧英信札

220　艺丝社编《艺丝》杂志

221　"全国各界救国联合会"案件审讯录

222 民抗完粮证

223 江南抗日义勇军第三路军政治部印《告江南同胞书》

224 刘飞的子弹

225 新四军剧本《出发之前》

226 江抗部队枪械零件、修理工具

227 江南社编印《大众报》(刊有《新民主主义论》)

228 江南社出版《江南歌声》

229 江抗劳动战士荣誉奖章

230 新四军臂章

231 《常熟县人民抗日自卫会通告》

232 弹词材料《拥护新四军》

233 《东进报》

234 陈毅题《东进报》报头

235 "沙洲县干西区署钤记"木章、"沙洲县干西区署"条戳

236 "沙洲县干西区牛市乡乡公所钤记"木章

237 "里睦区徐市乡食粮合作社印"章

238 丁树范书信

239 茆春华烈士烟盒、砚台

240 周洁民狱中书信

241 仲国鎏医寓

242 新四军战利品（日本军旗）

243 李白区工联会证章

244 李建模烈士亲笔信

245 《江南新四军北移告别民众书》

246 茆慰农日记

247 吴县私立文心图书馆长方章、圆章

248 秦大刚（江）烈士遗物布鞋底、卫生衫

249 炮兵连王福庚入党志愿书

- 250 炮兵连王福庚中共临时党员证
- 251 周志敏烈士遗物碗、衣服
- 252 任天石皮带、军刀
- 253 《战时党员守则》
- 254 中国人民解放军第三野战军政治部编《入城纪律手册》
- 255 渡船钢板
- 256 收音机
- 257 人民解放军苏常昆太武工队臂章
- 258 （周文在）中华人民共和国三级八一勋章（附绶带）、中华人民共和国二级独立自由勋章（附绶带）、中华人民共和国一级解放勋章（附绶带）、中国人民解放军一级红星功勋荣誉章（含证书）

副编　其他遗址

张家港市

- 260 恬庄"千人坑"纪念地
- 261 毋忘国耻纪念碑亭

常熟市

- 262 五四运动时期常熟学生联合会成立大会会址
- 263 梅李抗日碉堡（群）
- 264 辛庄抗日碉堡（群）
- 265 福山殿山碉堡
- 266 毋忘国耻碑

太仓市

267　七丫口——淞沪抗战反登陆战遗址

268　七十二家村——淞沪会战长江反登陆战遗址

269　吴健雄墓园

270　吴健雄陈列馆

昆山市

271　陈三才故居

272　俞楚白宅

273　马援庄遇难同胞纪念碑

274　东垞遇难同胞纪念碑

苏州市区

275　南社通讯处旧址

276　丽则女校国耻纪念碑

277　叶圣陶纪念馆（叶圣陶墓及执教处旧址）

278　一·二八抗日将士英雄冢

279　肖特纪念碑

280　陈去病故居

281　陈去病墓

282　章太炎故居

283　司前街看守所旧址

284　江苏高等法院旧址

285　阳澄湖抗战碉堡群

286　八一三淞沪会战抗日无名英雄墓

287　吴溇孙宅

288　费巩祖居

289　从云小学旧址

290 柳亚子纪念馆（柳亚子旧居）

291 李根源故居

292 王绍鏊纪念馆（王绍鏊故居）

293 毛啸岑旧居

294 李根源墓（李根源纪念堂）

295 抗日战争时期死难同胞纪念碑

296 费孝通墓

297 中国南社纪念馆

298 侵华日军芦荻库周大屠杀遇难同胞纪念馆（利字窑旧址）

299 唐仲英故居纪念馆

300 铜罗汪宅

301 倪征燠纪念馆

302 顾宅

303 苏嘉铁路百年历程展览馆

附录

306 党史学习教育工作条例

312 江苏省红色资源保护利用条例

321 苏州市爱国主义教育基地名录

325 苏州市党史教育基地名录

328 苏州市红色地名名录

后记

第一编

革命旧址、遗址

张家港市

◎ 1926 年中国共产党金村支部旧址

1926 年中国共产党金村支部旧址位于张家港市塘桥镇金村集镇西横街西侧园茂里。

该址房屋系清光绪年间举人金幼琴（金村人，又名金宝章）所建，为砖木结构，朝南、朝东分别有两幢二层楼房，呈曲尺形状，上、下层各有 6 间房，建筑面积 520 平方米。1912 年，金幼琴三子金平甫自愿捐出该房作为慈乌乡金村镇办公地点。

1926 年 7 月，金村早期的中共党员金朴存受中共常熟特别支部的委托，返回金村镇，发展了李仰轩、卢宝云、王桂昌、金永霖 4 名中共党员，并成立了中共常熟县金村支部，金朴存任党支部书记。金村党支部成立后，金朴存在园茂里底楼开设"金长茂枭籴米行"，以此作为掩护，积极开展革命活动，宣传发动群众打倒土豪劣绅，支援国民革命，并经常到常熟等地张贴革命标语。1929 年，根据中共常熟县委的指令，金村党支部停止活动。

新中国成立后，园茂里仍作为金村乡政府办公地点。1957 年撤区并乡时，金村乡、西旸乡并入妙桥乡，园茂里房产由塘桥房管所接收。

2012 年，经修的园茂里被辟为红色教育基地；2014 年被公布为张家港市文物保护单位；2021 年入选《江苏省不可移动革命文物名录（第一批）》；2022 年被公布为苏州市党史教育基地。

1926 年中国共产党金村支部旧址

◎ 谢恺烈士故居

谢恺烈士故居位于张家港市塘桥镇保卫街72号。

谢恺(1898—1927),原名祖根,又名根宝,字玉芝。祖籍江阴市顾山镇,后迁居张家港市塘桥镇。谢恺在无锡的圣道书院学习期间,接受了孙中山"三民主义"的思想,秘密加入国民党。结业回常熟后,以传教为掩护,发展国民党员。1927年春,谢恺加入中国共产党。此后,谢恺在澄锡虞边境地区积极开展农民运动,发展中共党员。四一二反革命政变后,北伐军中的中共党员决定举行虞山武装起义,谢恺组织农民武装配合起义。6月下旬,中共常熟特别支部决定让谢恺等人转道上海随李强去武汉。临行前,谢恺被国民党右派分子诱骗到王北山家,惨遭暗杀。

空中俯瞰谢恺烈士故居

谢恺是四一二反革命政变后张家港、常熟、江阴地区为革命牺牲的第一位中共党员。

谢恺烈士故居占地100余平方米,现存正房3间、侧房1间,正房与侧房之间有1个小天井。房屋产权原属谢恺后人,后由塘桥镇政府置换后进行修缮改造,建成纪念场所,2017年7月21日正式启用开放。谢恺烈士故居内部陈列了谢恺使用过的小皮箱、棉袄、衬衫、四方饭桌、木凳、桌椅、水桶、水缸等物件,设有谢恺烈士革命事迹展览及刊有谢恺事迹的部分读物等。

2023年6月,谢恺烈士故居入选《苏州市第二批红色地名录》;同年8月被公布为苏州市党史教育基地。

◎ 后塍农民暴动纪念地（学勤广场）

后塍农民暴动纪念地（学勤广场）位于张家港市后塍街道解放路、塍西路与人民路交叉路口。

该地在新中国成立前曾有一城隍庙（俗称"法水庵"），驻有国民党江阴县公安局第三分局等。大革命失败后，为贯彻落实中共中央八七会议精神，江阴县农民运动的主要领导钱振标、茅学勤等人在后塍等地区联络党员和农民协会骨干，从1927年11月至1928年3月，在后塍、占文桥、杨舍、店岸等地先后组织8次农民暴动，其中，在后塍先后举行4次规模较大的农民暴动。农民暴动队队员多次冲入公安局第三分局，有力打击了国民党反动派和地主豪绅的反动统治。茅学勤（1900—1929），后塍乡学田村（今属张家港市后塍街道）人，1927年3月下旬任后塍地区农民协会会长，同年10月加入中国共产党，任江阴农民革命军副总司令；1928年1月上旬当选为中共江阴县委军事委员，同年6月8日当选为中共江阴县执行委员会书记，8月任中共苏常（京沪）特委委员兼红军总指挥，不久任特委军委书记；1929年1月8日调任中共淞浦特委军委书记，同年2月6日牺牲。

学勤广场

新中国成立后，"法水庵"的房屋先后改作后塍供销合作社门市部、国营商业公司营业楼，后遭拆除。2004年8月，"法水庵"所在地建成后塍中心广场。2009年6月，后塍农民暴动纪念地被确定为张家港市首批革命纪念地之一。2010年12月，为纪念后塍农民暴动领导人茅学勤等革命先烈，在后塍中心广场建造雕像，并将广场命名为"学勤广场"。

◎ 占文桥农民暴动旧址

占文桥农民暴动旧址位于张家港市金港街道占文村占文东街7号。

该址曾是占文桥大地主缪受之的家宅。缪受之勾结官府、提高租率、残害百姓，当地农民忍无可忍，一致要求惩治他。1927年11月27日晚，时任中共江阴县委书记、江阴农民革命军总司令的钱振标和副总司令、中共党员茅学勤等率领后塍、云亭、长寿等地的农民群众百余人到达占文桥，冲进缪受之住宅，抄出钱财、衣被、田契等。浮财被当场没收，分给贫苦农民；田契、债据等被当众烧毁。同时，农民暴动队队员在占文桥街头张贴标语，号召农民发动暴动，打倒土豪劣绅，实行耕者有其田。

占文桥农民暴动旧址占地2000平方米，产权原属张家港市粮食局，2019年6月转属金港街道。2009年，旧址被公布为张家港市文物保护单位；2021年入选《江苏省不可移动革命文物名录（第一批）》。

占文桥农民暴动旧址

◎ 蔡悲鸿办公旧址

蔡悲鸿办公旧址位于张家港市金港街道长江村东昇社区。

蔡悲鸿办公旧址占地150平方米，现存建于民国年间的瓦屋3间，系硬山式建筑，是抗战时期蔡悲鸿在张家港境内的一处办公地点。蔡悲鸿（1913—1952），又名蔡志伦、蔡辉，上海南汇县（今属上海市浦东新区）人。1940年12月至1941年2月，任中共沙洲县工作委员会书记兼县办事处主任。1941年2月至8月，任中共沙洲县委委员、沙洲县抗日民主政府县长兼县江防管理局局长。当时由于县政府无固定办公地点，蔡悲鸿经常流动办公，现存的这处办公旧址是其流动办公室之一。该房屋是当地群众的老宅，当年蔡悲鸿选中此处作为办公地点，一是

蔡悲鸿办公旧址

因为村里的群众革命觉悟较高；二是因为此处既靠近后塍集镇（约3公里①），又隐蔽在僻静村野，不引人注目；三是因为这里南进北撤方便，南进可快速越过横套河，北撤可退入十字港芦苇滩中；四是因为这样小巧、坚实的一排瓦房在当时的"沙上"农村不容易找到。

2008年，蔡悲鸿办公旧址被登记为张家港市不可移动文物；2009年，被列为张家港市控制保护建筑；2018年被列为张家港市历史建筑；2020年被苏州市文化广电和旅游局明确为苏州市控制保护建筑。

---

① 1公里=1千米。1里=500米。1亩≈666.67平方米。基于书稿写作风格，本书中的公里、里、亩等单位，不做修改。

◎ 谭震林抗战动员大会纪念地

谭震林抗战动员大会纪念地位于张家港市大新镇年丰集镇双杏寺。

民国初年，年丰集镇上的清末秀才孙继千利用双杏寺的大殿和厢房创办学堂，后被称为"年旺街小学"。1941年5月初，新四军6师师部流动到沙洲，驻扎在年旺街一带，为动员群众抗日，在双杏寺里召开军民千人大会。6师师长谭震林在双杏寺的3棵银杏树下做抗战动员报告，要求大家认清形势，加强团结，为彻底打败日本侵略军、争取抗战全面胜利而奋斗。1941年10月起，中共地下党员李桐明、孙刚等人以教师身份作掩护，坚持地下工作，开展革命斗争，年旺街小学成为开展革命活动的据点。至1943年上半年，学校建立党支部，直至抗日战争胜利，党支部仍继续活动。1945年10月，北撤的新四军浙东游击纵队的5000余名官兵到达年丰集镇后，集中在双杏寺银杏树下召开大会，共庆"南丰之战"的胜利。

1958年，双杏寺庙遭拆除，改建为年丰小学校舍。1995年，年丰小学异地新建，双杏寺原址恢复为佛教活动场所。2009年，谭震林抗战动员大会纪念地被确定为张家港市首批革命纪念地之一。

双杏寺

◎ 南横套战斗遗址

南横套战斗遗址位于张家港市后塍街道高桥村南横套河边。

南横套河现貌

1941年9月下旬，新四军6师18旅政委温玉成、江南东路保安司令部警卫1团政委曹德辉率新1连、新3连渡江南进沙洲开展反"清乡"斗争。部队一到沙洲即遭日伪军数路包围，在大新、锦丰等地连续作战，但仍无法坚持，被迫西撤。9月26日午夜，在部队途经后塍东高桥附近渡南横套河时，遭到高桥和后塍两据点敌人的夹击，敌人出动装甲车向我军猛扑。我军一面阻击，一面渡河，在激烈的战斗过程中，伤亡20余人，散失不少，两个连最后基本损失。警卫1团政委曹德辉等人在渡河时不幸牺牲。

2009年，南横套战斗遗址被确定为张家港市首批革命纪念地之一。

第一编 革命旧址、遗址·常熟市

常熟市

◎ 中共常熟特别支部活动旧址（中共常熟党史馆暨李强革命历程展示馆）

中共常熟特别支部活动旧址（中共常熟党史馆暨李强革命历程展示馆）位于常熟市通江路11号。

该处原为曾雍孙家书斋"亦爱庐"。1926年1月，江浙区委主要负责人罗亦农派人分赴江苏、浙江各地建立地方党团组织。其时，李强为共青团江浙区委候补委员，被派回家乡常熟开展工作。2月11日，李强、周文在、曾雍孙、王耕英4人在亦爱庐聚会，成立中共常熟特别支部（党团混合），李强任书记。中共常熟特别支部归江浙区委直接领导。从此，常熟人民在中国共产党的领导下开始了艰难曲折而又可歌可泣的斗争历程。

1982年11月，亦爱庐被常熟县政府公布为县级文物保护单位。2017年，常熟市委启动中共常熟特别支部活动旧址和李强故居修缮工程，并将周边原曾氏家族的房子一并纳入。2019年9月，中共常熟党史馆暨李强革命历程展示馆建成开放。2021年，中共常熟特别支部活动旧址入选《江苏省不可移动革命文物名录（第一批）》。

中共常熟党史馆总占地面积约2100平方米，基本陈列分"新民主主义革命时期""社会主义革命和社会主义建设时期""改革开放和社会主义现代化建设时期""中国特色社会主义新时代"4个部分，通过大量的历史照片、文物原件、文献资料，辅以数字多媒体技术、雕塑造型、场景再现方法，生动形象地展示了百年来常熟人民在中国共产党的领导下，进行革命、建设、改革开放和开创中国特色社会主义新时代的伟大历程及所取得的辉煌成就。

亦爱庐

◎ 中共王庄支部活动旧址（黄草荡革命旧址）

中共王庄支部活动旧址（黄草荡革命旧址）位于常熟市尚湖镇河金村13组黄草塘6号。

1927年8月底，常熟第一个农村党支部——中共王庄支部成立，时有党员10多名，宋瘦竹任书记。支部建立时归无锡党组织领导，在王庄元大南货店以开办茶馆为掩护开展活动，后转移到位于王庄东南3里处的黄草荡。黄草荡地形曲折，水路四通八达，芦苇丛生，较为僻静。支部把党员须周福家作为活动据点，以宅前路旁一块千斤重的大青石为活动据点标志。

1927年11月，支部组织农民参加无锡农村大暴动，宋瘦竹以无锡县农民革命军突击队队长的身份率众占领安镇，后遭到国民党军警的镇压，暴动失败。1928年5月，中共常熟县委成立后，王庄支部归常熟县党组织领导，支部成员发展到28名，黄草荡成为澄（江阴）、锡（无锡）、常（常熟）三县交界农民革命军开展活动的联系点。同年9月下旬，中共常熟县委遭破坏，王庄支部遂停止活动。

2019年7月15日，在原址改建而成的黄草荡革命旧址对外开放，展馆面积80多平方米，集中展示了大革命至第三次国内革命战争等时期黄草荡及周边地区开展的革命斗争活动，以及谢恺、宋瘦竹、须周福、夏澹人、鲍志椿、陈念棣等革命烈士和志士的生平事迹。

黄草荡革命旧址

◎ 中共常熟县代表大会会址（联珠洞）

中共常熟县代表大会会址（联珠洞）位于常熟市兴福禅寺北约 1 公里的虞山山腰。

四一二反革命政变后，白色恐怖笼罩常熟，中共常熟特别支部停止活动，革命转入低潮。1928 年 4 月，石楚材在参加江阴暴动后回到常熟，找到一些失去组织关系的党团员，组建临时委员会，开展一系列工作。石楚材等团员转为中共党员，并着手举行常熟县的党代表大会。5 月 12 日，中共常熟县

联珠洞

代表大会召开，选举产生中共常熟县委，但没有产生主要负责人。7 月 8 日，中共江苏省委派陈鸿到常熟，在联珠洞秘密举行中共常熟县代表大会，经选举重新产生中共常熟县委。8 月，中共京沪特委在此召开江阴、无锡、常熟三县党领导的农民运动负责人联席会议，部署秋收暴动。1929 年 10 月，中共江苏省委巡视员孟平召集 17 名骨干，亦在此召开重建中共常熟县委的会议。

联珠洞地理位置偏僻，洞约 1 人高，洞内宽处约 11.78 米，深达 15.5 米，洞顶有孔，可见蓝天，山泉由顶孔流入，纷洒如联珠，由此得名"联珠洞"，洞口有"联珠洞"三字。1982 年 11 月，联珠洞被常熟县政府公布为县级文物保护单位。2019 年，虞山街道改造联珠洞旁原有房屋，建成中共常熟历史陈列室，成为展示土地革命战争早期常熟党组织活动的重要阵地。2021 年，中共常熟县代表大会会址入选《江苏省不可移动革命文物名录（第一批）》。

◎ 问村秘密联络站旧址（薛家大院）

问村秘密联络站旧址位于常熟市碧溪街道李袁村问村集镇老街55号，即问村薛家大院。薛家大院为清代咸丰年间的建筑，因曾开过程恒信布庄，被人习惯称为"问村大布庄"。

问村薛家大院

九一八事变后，浒浦、问村、梅李等地的知识青年怀着改变社会、抗日救国的强烈愿望，广泛阅读进步书刊，撰写文章，出版《江潮》旬刊，常在问村大布庄聚会。1934年，问村青年薛建白、顾砥中、张锡钧与浒浦青年顾鉴修、张可群，梅李青年李建模、陈海涯、陈振华等聚会大布庄，商谈加入上海的"进社"，后成立"进社"常熟分社。自1934年年底到1935年秋，中华民族武装自卫委员会（简称"武卫会"）常熟分会在东乡开展农民运动，组织者的会议常在问村大布庄进行。1936年，武卫会被破坏，进步青年曾在问村大布庄谋划并筹建"常熟人民抗日救国自卫会"。1939年起，杨浩庐在交通员顾建帆的安排下，常到问村大布庄。抗日战争期间，由沪来常的革命志士先乘江轮到浒浦，有的在交通员的安排下先到问村大布庄，再由交通员引领到徐市、梅李、董浜、横泾等地分配工作。1941年，问村党支部成立，大布庄是活动地点之一。

问村薛家大院原有建筑保存完整，2009年被常熟市政府公布为常熟市文物保护单位。

◎ 常熟人民抗日自卫队成立旧址

常熟人民抗日自卫队成立旧址位于常熟市梅李镇塘桥村17-18号大周家宅基。

1937年11月，日军从长江登陆，常熟沦陷，人民处于水深火热之中。1938年春，梅李进步青年任天石弃医从戎，投身抗日斗争，他以"保家乡"为口号，组建抗日队伍，建立了一支小规模的塘桥游击队。这支武装建立后，受到百姓拥护。6月，中共常熟县委在塘桥附近的杨西段、周家宅基举办流动的军事训练班，学员有塘桥游击队中的骨干和周边青年，共三四十人。7月，苏南地区第一支由县级党组织直接组织建立的地方抗日武装——常熟人民抗日自卫队（简称"民抗"）第一大队在塘桥大周家宅基成立。徐少川任大队长，任天石、毛鹏华任副大队长，杨浩庐任政治部主任，赵伯华任参谋长。1939年5月，江抗东进抵达常熟后，民抗主力即随江抗一起行动，在作战中得到锻炼和壮大。6月上旬，民抗总部成立，由任天石任司令，李建模任政治部主任，薛惠民任参谋长。到9月底，民抗已发展到五六百人，编入江抗部队。

旧址房屋始建于民国初期，坐北朝南，白墙灰瓦，砖木结构，为典型的江南民居风格。2018年，梅李镇对该建筑进行整体修缮，建设纪念场馆，详细介绍民抗的历史和由民抗骨干领导的武装工作队（简称"武工队"）的斗争经历。2019年6月，旧址对外开放，同年12月被常熟市政府公布为常熟市文物保护单位；2021年入选《江苏省不可移动革命文物名录（第一批）》。

常熟人民抗日自卫队成立旧址

◎ 江抗东路司令部筹备会议旧址

江抗东路司令部筹备会议旧址位于常熟市沙家浜镇华阳村金桩浜80号。

1939年5月，叶飞率新四军6团以"江抗"的名义东进抗日，同年秋奉命西移，在常熟留下数十位伤病员。为坚持东路抗战，叶飞派杨浩庐等回到常熟唐市。11月5日，杨浩庐与留在原地斗争的张英、夏光、李建模、任天石等召开江抗东路司令部筹备会议，传达上级命令，决定建立江抗东路司令部，重建江抗部队，称为"新江抗"。会议还讨论了民抗总部的任务。11月6日，江抗东路司令部正式成立，夏光任司令，杨浩庐任副司令兼政治处主任，黄烽任政治处副主任。以治愈的伤病员为骨干组成一个特务排。新江抗成立后，在常熟地方党组织、常熟民抗和常熟人民的配合与支持下，机智灵活地开展抗日斗争，部队在斗争中不断成长、壮大，为在谭震林领导下的常熟和周边地区抗日斗争的大发展创造了条件。

旧址建筑被当地居民称为"东土地堂"，有正殿和东、西两侧厢房。2011年，江抗东路司令部筹备会议旧址被常熟市政府公布为常熟市文物保护单位。2020年，沙家浜镇将旧址改建为党史教育阵地，2021年对外开放。

江抗东路司令部筹备会议旧址

◎ 利群商店旧址

利群商店旧址位于常熟市董浜镇徐市西街24号。

1939年，上海地下党调女干部费毓秀、杨菊芬、杜琍等来常熟开展民运工作，发动妇女支持抗日。杜琍在徐市发动妇女积极分子，以集股办福利商店的方式联系妇女群众。同年8月，徐市妇女界抗日积极分子顾淑娟（陈行之）、金婉兰、王德贞等带领妇女成立消费合作社，初名"妇女商店"，入股妇女40多人，每人每股投资3元，筹集股金120多元，在徐市小学召开消费合作社成立大会。会议选举顾淑娟为商店负责人，金婉兰、陈畹珍为理事，王德贞为监事。社址初设在徐市东街程飞白家沿街店面，后迁至西街钱王弄口王氏宅院，并改名为"利群商店"。之后，利群商店股金增加到1000多元，经营范围扩大到对江抗、民抗部队供应胶鞋等军需品，并逐渐成为抗日部队和党政机关在徐市的联络站，外地来常熟参加抗日的同志都先到利群商店，再由交通员

利群商店旧址

引领到相关单位，外地和常熟东部抗日游击区党政军之间的来往信件也由利群商店收发。利群商店经销日用杂货，入股妇女购物享优惠，低于市场价，年终得分红。商店成为发动和团结妇女进行抗日活动的纽带，为成立常熟县妇女抗日协会做了组织准备。1941年7月，日伪军发动"清乡"，利群商店停业。

利群商店所在的王家宅院原有四进，其中，第三进为二层木结构小楼。现仅存作为原利群商店的店面房。

◎ 新四军养伤处（江抗后方医院流驻处旧址）

新四军养伤处（江抗后方医院流驻处旧址）位于常熟市沙家浜镇芦荡村黄桥宅基，房屋的主人是孙大生。

江抗后方医院是在江抗东进后，由民抗医院和新四军6团卫生队合并成立的，院长林震。因所在的苏常太地区为敌后游击区，医院无固定地址，多流动在苏常地区的唐市、横泾河湖港汊的水网地带。江抗后方医院医护人员大多是来自上海红十字会总医院和同仁、广仁、仁济等6家医院的青年，其中，以同仁医院来的人员最多。1939年10月，叶飞率领的江抗奉命西移后，刘飞、夏光等数十位伤病员被留在常熟的江抗后方医院养伤。1940年10月，江抗后方医院一分为二：第一后方医院驻在常熟梅南区，负责人张贤、林立；第二后方医院随军去澄锡虞地区。

江抗后方医院随时面临敌人的袭击，在很多危急时刻，都是当地群众给予及时帮助。农民家的堂屋、厢房成了医院的"病房"，搭起的门板就是"手术台"，遇到敌情就要上船转移。在艰苦的岁月里，江抗后方医院做出了重要贡献，不仅治好了大批伤病员，也培养了大批优秀的医务工作者。医务人员艰苦奋斗、不怕牺牲、全心全意为伤病员服务的事迹在部队广为传颂，谭震林曾写过一首《白衣战士颂》刊登在《东进报》上。

旧址原为江抗后方医院流驻处芦荡村孙大生家老宅，建筑保存基本完好。2020年，芦荡村将其打造为"新四军养伤处"，用以展示江抗后方医院的发展历史。

新四军养伤处——沙家浜镇芦荡村孙大生家老宅

《大众报》创刊发行地旧址

◎《大众报》创刊发行地旧址

《大众报》创刊发行地旧址位于常熟市董浜镇徐市西街2号。

1939年5月,无锡各界抗日联合会出版《江南》杂志。1939年9月,《江南》杂志迁到苏州太平桥,很快又迁到常熟横泾。同年10月,新四军江抗部队西撤后,《江南》杂志停刊。留守在苏常地区的中共江南特委为冲破日伪军对苏常沦陷区内的新闻封锁,加强抗日救国宣传,决定筹办一份公开发行的油印报纸,定名"大众报"。1940年2月8日,首期《大众报》在常熟县徐市镇出版,双日刊,后改为3日刊。《大众报》对外以常熟民抗总部的名义编印,除刊登地方新闻外,还刊登国内各地的抗战消息,境外消息则依靠编辑部一架三灯直流收音机收听和整理而成。另外,《大众报》还刊登谭震林、任天石等领导写的文章和在会议上做的报告与讲话,以及有关同志的工作探讨和经验交流,起到了"磨刀石"的作用。3月,

17

《江南》在董浜复刊。5月，中共江苏省京沪线东路特别委员会（简称"中共东路特委"）成立江南社，将中共东路特委的机关刊物《江南》半月刊和《大众报》并入江南社，统一编辑发行。七七事变爆发三周年，从7月7日开始，刊物发行改为铅印。因铅印必备的印刷机和大量铅字不便搬移，所以出版、印刷工作由徐市移到董浜，设备安装在木船上，木船成为流动的"敌后水上印刷厂""敌后文化舰队"。11月1日，《大众报》改为4开4版，设有"社论""紧要消息""国际要电""东路民主""东路零讯""大众园地""江南文艺"等栏目，内容以宣传抗日为宗旨，报道新四军等抗日武装及广大人民群众开展各项斗争的情况，以及揭露日伪军在各地所犯的罪行等，发行量迅速扩大，每期印数在1万份左右。1941年7月，日伪军发动"清乡"，《大众报》停刊，前后共发行215期。

　　旧址房屋为沿街建筑，保存完好，有风火墙。最早为祁瑞和布庄，新中国成立后公私合营，开过中西药店，20世纪80年代改为居住房。2011年，《大众报》创刊发行地旧址被常熟市政府公布为常熟市文物保护单位；2021年入选《江苏省不可移动革命文物名录（第一批）》。

◎ 何市各界人士代表会议旧址（四面厅）

何市各界人士代表会议旧址（四面厅）位于常熟市支塘镇何市中心小学内。

1940年夏，江抗东路指挥部司令兼政委谭震林（化名林俊）来到何市，在四面厅召集何市各界人士代表开会。谭震林在会上做抗日民族统一战线形势报告，号召广大人民团结一心，坚持抗战，创建抗日根据地。谭震林的讲话对当地民众鼓舞极大，以徐翰青为代表的何市各界人士积极支持抗战。徐翰青也因此被称为"东路老人"。8月，常熟县人民抗日自卫会成立，徐翰青任监察委员会副主席。何市地区成为抗日游击根据地的重要组成部分，涌现出端木瑞等一批抗日英烈。

四面厅原为1926年兴建的何市乡第一公园的主体建筑，基高屋敞、四面深廊，是一幢具有民族风格的大厅式建筑。1982年，四面厅被常熟县政府公布为县级文物保护单位。1985年，何市乡政府拨款修缮，请周文在将军题额，四周走廊增建栏杆，成为乡文化中心活动室。1994年，文化中心迁出，四面厅成为儿童文化园活动场所。2009年，支塘镇政府拨专款对四面厅进行整体修缮。2021年，旧址入选《江苏省不可移动革命文物名录（第一批）》。

四面厅

◎ 常熟县人民抗日自卫会成立大会会址

常熟县人民抗日自卫会成立大会会址位于常熟市董浜镇杨塘村徐家巷80号。

1940年8月2日，常熟县人民抗日自卫会第一次代表大会在吴市杨家泾召开，经过一天会议后，移至徐家巷徐晨钟宅举行。与会代表有110余人，江抗东路指挥部司令兼政委谭震林出席会议并做"目前国际政治形势和自卫会的意义与任务"的报告。会议按"三三制"原则选举产生以任天石为执行委员会主席、李建模为监察委员会主席的领导机构，正式成立常熟县人民抗日自卫会。大会发表宣言：常熟县人民抗日自卫会是用完全民主的方针产生的人民民主政权，是常熟有史以来的创举。常熟县人民抗日自卫会的成立，标志着该抗日游击区发展成为抗日游击根据地。

当时的徐家巷，又叫"包家弄"，宅基毗连，房屋甚多，迤逦里许，而又地处偏僻。自1939年以后，民抗和江抗相继来此夜营、开会，该处成为活动点。徐家巷最南端的徐晨钟宅为庄园式的大院子，总计72间，是游击队隐蔽的好地方。当年的游击队习惯称呼其为"72间头"。会址现存4间正房和1间右侧厢房，1989年被常熟市政府公布为常熟市文物保护单位。2018年，董浜镇对旧址进行全面修缮，建成常熟县人民抗日自卫会纪念馆。2021年，会址入选《江苏省不可移动革命文物名录（第一批）》。

常熟县人民抗日自卫会成立大会会址

望贤楼

◎ 江抗唐市办事处旧址（望贤楼）

江抗唐市办事处旧址（望贤楼）位于常熟市沙家浜镇唐市东北街49号。

旧址为二层小楼，清代建筑，坐北朝南，有左、右两侧厢楼，呈三合院式，系硬山顶砖木结构，称"望贤楼"。抗日战争期间，望贤楼成为江抗唐市办事处办公地，办事处负责人是蔡悲鸿。办事处负责交通联络、人员往来、会议安排等工作，江抗东路指挥部司令兼政委谭震林曾在此召开会议。另外，常熟境内还有董浜办事处。

2018年，沙家浜镇对该建筑进行修缮。2023年，江抗唐市办事处旧址（望贤楼）入选《江苏省不可移动革命文物名录（第三批）》。

◎ 朱爱秾烈士故居

朱爱秾烈士故居位于常熟市梅李镇沈市村沈家市市镇。

朱爱秾（1918—1941），常熟梅李人。她先后进沈市初级小学、徐市智林小学、梅李小学读书。1935年，朱爱秾毕业于常熟县中学，同年秋考入苏州女子师范学校。1937年，日军侵华，学校停办，朱爱秾回家。1938年秋，苏州女子师范学校复课，朱爱秾回苏州继续上学，1939年夏毕业。1939年秋，朱爱秾到徐市小学任教，在徐市镇进步青年和民抗的影响下参加抗日活动，后回沈市小学任教，边工作边进行抗日活动。1940年8月，常熟县人民抗日自卫会成立，朱爱秾当选为执行委员并任民政科民刑股长，从此脱离教育岗位。1940年冬，朱爱秾加入中国共产党。1941年1月，朱爱秾任常熟县妇女抗日协会主席；5月成为县委委员，任妇女部部长兼县妇女抗日协会主席；6月兼任梅南区委书记；7月下旬撤至澄锡虞地区；10月初在突围时牺牲。

朱爱秾烈士故居为一幢二层小楼，原建筑在2019年拆除，2020年依原样在原地重建，已布置有朱爱秾事迹展览。

朱爱秾烈士故居

◎ 武工队奇袭吴市（伪警察所）旧址

武工队奇袭吴市（伪警察所）旧址在常熟市碧溪街道吴市西北街 55 号。

日伪统治时期，吴市镇上设有伪第六区公所、吴市镇公所和高浦乡公所，并驻有伪军警机关，是伪政权在常熟东北地区的一个统治中心。1941年 7 月，日伪军发动"清乡"后，吴市镇上的伪政权对人民实行恐怖统治、敲诈勒索，人民苦不堪言。1944 年秋收后，日伪依靠伪警察的武力，在吴市开设租栈，宣布冬至开征、租赋并征、限期交清。为打击敌伪气焰，1944 年 12 月 21 日，武工队大队长朱英和副大队长徐政等率领武工队袭击伪第六区公所、租栈、伪警察所，击毙伪区长、乡长，给日伪以极大震慑。这次袭击打破了日伪全面武装征收租赋的计划，进一步扩大了武工队在群众中的影响。

旧址为二层建筑，新中国成立后曾做过基层政府办公用房，保存完好。

武工队奇袭吴市（伪警察所）旧址

◎ 鲍志椿故居

鲍志椿故居位于常熟市尚湖镇王庄社区中街 20 号。

鲍志椿故居

鲍志椿（1914—1944），常熟王庄人。幼年丧父，由母亲抚养长大。1932 年，鲍志椿从无锡省立师范高中部毕业，开始从事秘密革命工作。1936 年，加入中国共产党。1937 年，鲍志椿回到王庄，组建旅外学生抗敌后援会。1938 年，鲍志椿在上海动员大批难民中的青年去安徽参加新四军。1939 年后，鲍志椿曾任新四军挺进纵队 4 团政治处主任、新四军挺进纵队政治部秘书、新四军苏北指挥部第三纵队 8 团政治处主任等职。1943 年 3 月，鲍志椿由军分区宣传科科长调任东南警卫团副政委；6 月任东南县委书记兼东南警卫团政委。在尖锐复杂的反"清乡"斗争中，他和东南警卫团团长王澄等带领部队始终坚守在原地，与日伪军进行了艰苦的斗争。1944 年 12 月 26 日，鲍志椿和王澄带领部队驻在巴掌镇附近的村子里，由于被敌密探侦悉，日伪军突然进袭，鲍志椿和王澄在野外侦察地形、部署战斗时，不幸被日军的冷枪击中，两人同时牺牲。为纪念两位烈士，该地后更名为"王鲍镇"。

鲍志椿故居为一独立小院，保存相对完好。

◎ 朱文康故居

朱文康故居位于常熟市辛庄镇旺倪桥老街东惠通桥桥堍第二栋。

朱文康（1918—1945），又名翁仲声，中共党员，1941年参加革命，曾任无锡县抗日民主政府琴南区（今常熟市杨园、张桥一带）区长。1941年7月，日伪军对常熟发动大规模的"清乡"，组织决定让朱文康去上海隐蔽。不久，朱文康返回无锡甘露，负责甘东地区的工作。1942年冬，日伪军再次进行"大扫荡"，朱文康打入敌特工站，担任甘露区敌情报小组组长，继续为党工作。1945年5月，朱文康被敌人杀害。

朱文康故居稍有改造，但基本维持原貌。

朱文康故居外景（框内为朱文康故居）

◎ 程飞白故居（杨浩庐办公旧址）

程飞白故居（杨浩庐办公旧址）又称"忠恕堂"，位于常熟市董浜镇徐市东街3号。

杨浩庐（1911—1992），四川宜宾人，1936年加入中国共产党。1938年2月，杨浩庐受中共江苏省委派遣到常熟，与李建模、赵伯华等一起重建中共常熟县委，并创建常熟第一支人民抗日武装，任江抗东路司令部副司令兼政治处主任等职。新中国成立后，杨浩庐曾任国家对外贸易部副部长、顾问等职。

1940年下半年，苏南东路已建成苏常太抗日游击根据地，东路指挥部决定让江抗主力西移，开辟澄锡虞地区。1940年8月至1941年3月，杨浩庐任江抗后方留守处主任兼政委，统一领导后方医院、修械所、部队及唐市和董浜的两个办事处的工作等。自1940年8月至1941年7月，杨浩庐居住在程飞白家中厅，并在此办公。

程宅原有前后三进，名"忠恕堂"，整个院落既有宽敞高大的厅堂，两侧又有厢房，东侧还有备弄，平面布局合理紧凑、组合灵巧、错落有致、美观大方。新中国成立后，程宅的沿街房被拆除，建起二层商业房，老宅只剩中厅和后厅。程宅走出程飞白、黎明（原名程璃）兄妹等革命人物。程飞白（1906—1978），名鸿，字逵伯，中共党员。1927年回常熟参加中共常熟特别支部活动。1939年起，程飞白先后在新四军教导队和苏北联抗部队工作，曾任苏中军区政治部秘书、溱潼县县长、独立团团长等职。新中国成立后，程飞白长期在华东地区交通和公路管理部门担任领导职务，后任西安公路学院党委书记兼院长。黎明（1922—2022），中共党员，1938年8月参加抗日。北撤苏中后，黎明在新四军1师电训班学习无线电技术，后被分配到部队担任报务工作。新中国成立后，黎明在杭州电信局工作，1958年任上海市电报局党委书记，1983年离休。

程飞白故居旧照

◎ 仲国鋆故居

仲国鋆故居位于常熟市碧溪街道三湾村顾家巷38号。

仲国鋆（1922—1992），常熟吴市人，13岁开始学习中医，16岁开办半半诊所。1938年，仲国鋆加入民抗，成长为一名抗日骨干，并开始从事军事情报工作，组建军事情报联络网。1939年5月，仲国鋆受民抗司令任天石之命，回到吴市重办半半诊所，使其成为民抗司令部的一个情报联络站。1940年11月，仲国鋆加入中国共产党。1941年下半年，日伪军对东路抗日游击根据地发动"清乡"后，仲国鋆参加苏常太地区的抗日游击斗争。1945年3月，仲国鋆被捕，受尽各种酷刑，誓死保守党的秘密。1945年8月出狱。次年6月，全面内战爆发。根据党组织派遣，仲国鋆再次以行医为掩护，任中共沙洲县委特派员，继续从事党的秘密工作。新中国成立后，仲国鋆先后任常熟县副县长、常熟县委代理书记、苏南人民行政公署苏州区专员公署办公室主任、常熟市市长、苏州园林管理处处长等职。

仲国鋆故居为传统江南民居，五开间朝东瓦房，两侧有厢房，由家属投资改造，建成纪念性场所。

仲国鋆故居

◎ 李强故居

李强故居位于常熟市通江路11号。

李强(1905—1996),原名曾培洪,常熟城区人。1925年五卅运动中,李强当选为上海学生联合会执行委员、军事委员会委员。同年6月,李强在上海加入共青团,8月转为中共党员。1926年2月,李强受中共江浙区委书记罗亦农的派遣,回常熟建立中共常熟特别支部并任书记。1927年四一二反革命政变后,李强任中国共产党中央特别行动科第四科科长,并为我党研制出了第一部无线电收发报机,开创了我党领导的无线电通信事业。1931年4月,他被派往苏联工作,从事无线电理论的研究和教学,研究出"李强公式"。抗日战争全面爆发后,李强于1938年年初回国到达延安,先后任中央军委军工局局长、延安自然科学院院长等。新中国成立后,李强先后任邮电部无线电总局和电信总局局长、新闻总署广播事业局局长、对外贸易部部长、国务院顾问等。1955年,李强被评为中国科学院学部委员(1993年10月后改称"中国科学院院士"),他是党内一位难得的复合型人才。1996年9月29日,李强在北京逝世。

李强故居占地600平方米,二层小楼,上、下各3间,结构完好,具备晚清建筑的特征。2019年建成李强革命历程展示馆,楼上为李强办公和生活起居场景复原;楼下展陈的是李强投身革命后各个历史时期的照片和资料,分"李强与中共常熟特别支部""李强与隐蔽战线""李强与外贸事业""李强与家乡建设"4个部分,展示了无产阶级革命家李强光辉的一生。

李强故居

太仓市

◎ 太仓人民支援五卅运动旧址（天妃宫）

太仓人民支援五卅运动旧址（天妃宫）位于太仓市浏河镇新东街90号。

1925年，五卅运动爆发。邻近上海的太仓民众迅速反应，开展示威游行、宣传募捐、抵制英日货等行动，积极支援五卅反帝爱国运动。天妃宫前广场是浏河地区民众举行支援五卅反帝爱国运动集会游行的主要场所之一。其间，浏河地区的学校学生在天妃宫义演3天，募集捐款救济上海罢工工人。

天妃宫，俗称"娘娘庙"，始建于北宋宣和五年（1123），为祈求妈祖等诸神护佑航海平安而建；元至正二年（1342）移建于现址，明、清、民国时期多次扩建修缮，遂成祀奉妈祖的显要道教宫观。1985年，天妃宫被改建为郑和纪念馆。2009年，郑和纪念馆迁移，天妃宫恢复为道教场所。2013年3月，浏河天妃宫遗迹被列为第七批全国重点文物保护单位。

天妃宫正门

◎ 周斌烈士牺牲处

周斌烈士牺牲处位于太仓市沙溪镇项桥村和常熟市支塘镇项桥村交界的陈泾河与茅漕港交汇处。

项桥地区在抗日战争时期属太仓县何项区,其西北紧靠常熟抗日根据地,是中共太仓县委、县政府的主要活动区域之一。1941年6月20日,太仓县委书记周斌和通讯员到项桥附近的倪家桥开会,因项桥有伪军活动,会议取消。周斌返回根据地的途中,突遭伪军袭击,不幸被捕。在押赴据点,途经项桥村茅漕桥时,周斌跳河逃脱,但不幸溺水,牺牲于陈泾河与茅漕港交汇处。

周斌(?—1941),浙江人,初中文化程度。1938年上半年,周斌在上海合泰难民收容所工作,同年加入中国共产党。1939年下半年,周斌到东路地区任苏州县太平桥区委书记,11月任苏州县横泾区委书记。1940年,周斌先后任常熟县委组织部部长、县委书记等职。1941年2月,周斌任太仓县委书记,是太仓第一位牺牲的县委书记。

陈泾河与茅漕港交汇处

◎ 新四军解放璜泾战斗遗址（西塔）

新四军解放璜泾战斗遗址（西塔）位于太仓市璜泾镇新农街。

1945年8月15日，日本宣布无条件投降。璜泾镇伪军警不但不接受太仓县抗日民主政府受降布告的规定，拒绝缴械投降，反而肆无忌惮地在璜泾镇修筑工事、围铁丝网，妄图负隅顽抗。新四军苏常太警卫团遵照中共苏中六地委关于"苏常太地方武装加紧做好收缴当地日伪军武装"的指示，决定攻打太仓北部地区日伪军的最后一个据点——璜泾。8月30日晚，苏中第六行政分区专员任天石和警卫团团长陈刚率新四军苏常太警卫团对璜泾伪军警据点发起进攻。警卫团1连攻打驻扎在顾氏义庄的伪保安队队部，警卫团2连攻打驻扎在西塔的伪警察署。双方激战3个多小时，击毙伪军数人，伤20余人。次日早晨，伪军警弃阵逃往沙溪。8月31日上午，警卫团和太仓县大队进驻璜泾。当天下午，太仓县县长浦太福到璜泾召开群众大会，欢庆胜利。至此，白茆塘以南、七浦塘以北的10余万太仓人民获得解放。

西塔始建于明万历年间，毁于火灾。清道光三十年（1850）重建，前后建有两殿，西侧还有耳房。西塔为六面五层的砖木结构，抗战期间，是伪警察署驻地。1979年，西塔被太仓县政府公布为县级文物保护单位。

西塔

◎ 解放璜泾战斗县大队指挥部旧址

解放璜泾战斗县大队指挥部旧址位于太仓市浮桥镇时思社区鹿新16组2号原王裕泰染坊。

解放璜泾战斗县大队指挥部旧址

1945年8月底，新四军苏常太警卫团决定攻打璜泾日伪据点，命令浦太福率太仓县大队阻击沙溪援敌。8月30日解放璜泾战斗打响之前，浦太福在时思王裕泰染坊的阁楼上召开太仓县大队领导会议，指挥县大队设伏，准备阻击沙溪援敌。8月31日上午，浦太福率太仓县大队进驻璜泾。

王裕泰是新中国成立前时思集镇上的老字号商铺，老板王秉钧与浦太福相熟，是浦太福抗战时期开展地下工作在时思的落脚点之一。2012年，太仓市政府确认原染坊商铺房为解放璜泾战斗县大队指挥部旧址，并将其列为太仓市控制保护建筑。

◎ 吴晓邦故居

吴晓邦故居位于太仓市沙溪镇白云路与西市街交会处西北侧。

吴晓邦（1906—1995），太仓沙溪人，曾用名吴锦荣、吴祖培，字启明，中国新舞蹈艺术的开创者之一，著名的舞蹈表演艺术家和舞蹈教育家。1927年，吴晓邦任叶挺独立团见习排长。1929年，东渡日本学习芭蕾舞和现代舞。抗日战争期间参加抗日救亡演剧四队，活跃在京沪一带，后到延安鲁迅艺术学院任教，创作《义勇军进行曲》《游击队员之歌》等舞蹈作品。1940年，吴晓邦创作出了我国第一部大型舞剧《虎爷》。1949年，吴晓邦加入中国共产党。新中国成立后，吴晓邦先后任中央戏剧学院舞蹈运动训练班班主任、中国青年艺术剧院舞蹈团团长、中央民族歌舞团团长等，为新中国培养了第一批舞蹈骨干，后来他又注重对中国古典舞的研究。他创作的舞蹈节目达100多个。1979年，吴晓邦任中国舞蹈家协会主席、中国文联常委，1980年任文化部中国艺术研究院舞蹈研究所所长。吴晓邦曾任第二、五、六届全国政协委员。1995年7月8日，在北京去世。

1928年，吴晓邦任太仓县立初级中学乙部（今江苏省沙溪高级中学）历史教员时在此居住。故居有一西一中两幢建筑：中式建筑建于清末，两进以一院子分隔，中有一口水井；西式楼房建于1927年，又称"小白楼"，为双层欧式建筑，有客厅、主卧室、储藏室、卫生间、餐厅、厨房等12间。楼下会客室和就餐室各有一个壁炉。楼梯扶手壁的雕饰精美，是乡镇中罕见的保留年代较长、保存完好的西式建筑。

遵循修旧如旧原则，1998年对其进行全面修缮。2006年，吴晓邦故居被公布为太仓市文物保护单位。2011年，江苏省政府将其公布为江苏省文物保护单位。

吴晓邦故居外观

昆山市

◎ 中共昆山独立支部旧址

中共昆山独立支部旧址位于昆山市玉山镇震川西路西大桥南堍。

1926年8月，正值第一次国共合作的大革命高潮即将到来之际，中共党员、国民党员王芝九受党组织派遣，从上海景贤女中来到昆山，以昆山县立中学（今昆山市第一中学）训育主任兼二年级导师为公开身份，开展革命活动。当月，中共昆山独立支部（特别支部、党团混合支部）在昆山县立中学秘密成立，王芝九任支部书记，受中共上海区委（亦称"中共江浙区委"）领导。这是昆山第一个党组织，从此昆山人民在党的领导下踏上了新民主主义革命的征程。

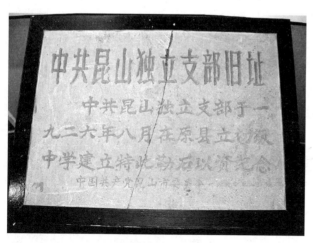

中共昆山独立支部旧址勒石

1990年8月，中共昆山市委在中共昆山独立支部旧址勒石纪念。1999年10月，修建中共昆山独立支部纪念碑。2004年，昆山市第一中学迁往马鞍山西路新校区，原校区暂时用作公交停车场。2023年，按照城市规划，中共昆山独立支部旧址被改造成公园，并在其内建设中共昆山独立支部相关纪念设施。

◎ 大凤湾战斗遗址（大凤湾战斗纪念馆）

大凤湾战斗遗址（大凤湾战斗纪念馆）位于昆山市巴城镇凤凰村凤栖园社区北侧。

大凤湾战斗纪念碑

1940年6月18日凌晨，江抗第三支队的1中队和2中队在凤凰村宿营，与100多名日军发生遭遇战。时任东路军政委的温玉成、副支队长吕炳奎、参谋长周达明指挥部队迎击日军。双方激战3个多小时，毙伤日军30余人。战斗中，我军有7位同志牺牲、16位同志负伤。大凤湾战斗是江抗第三支队组建后开辟昆嘉青地区打的第一仗，在上海及周边地区造成了很大影响。上海学生联合会等社会团体举行大凤湾烈士追悼会，编印纪念特刊，开展募捐支援部队等活动。

1991年6月，昆山市石牌镇政府兴建大凤湾战斗纪念碑和大凤湾战斗史迹陈列室。1997年，大凤湾战斗纪念碑与大凤湾战斗史迹陈列室一起获评昆山市爱国主义教育基地。2015年重建大凤湾战斗纪念碑，并把大凤湾战斗史迹陈列室扩建成大凤湾战斗纪念馆。

◎ 中共淞沪中心县委旧址（中共淞沪中心县委纪念馆）

中共淞沪中心县委旧址（中共淞沪中心县委纪念馆）位于昆山市张浦镇石人潭公园内。

1940年10月，活动于以兵希为中心的昆东抗日游击根据地的中共昆嘉青中心县委调派部分领导干部和武工队队员30余人，夜渡吴淞江，挺进昆南大慈（今昆山张浦镇大市），开辟昆南淀山湖抗日游击根据地。当月，中共淞沪中心县委和新四军淞沪游击纵队、昆山县常备队相继在大慈成立，并先后建立了歇马桥、张浦、尚明甸3个地区的区委和区政府及大慈区政府，成立了农民抗日救国会（简称"农抗会"）等抗日群众团体，初步形成了以大慈为中心的昆南淀山湖抗日游击根据地，并成为苏南抗日游击根据地的一个重要组成部分。1941年5月，中共淞沪中心县委迁往上海，几经易名，一直延续到1948年，是党在长三角地区重要的党组织之一，为抗日战争、解放战争的胜利做出了应有的贡献。

1991年10月，昆山市委、市政府建成中共淞沪中心县委、新四军淞沪游击纵队、昆南淀山湖抗日游击根据地纪念碑。2008年10月，纪念碑搬迁到胜利河南岸

中共淞沪中心县委纪念馆

并进行扩建。2015年，建立昆南人民抗日史迹陈列馆。2022年，在石人潭公园建成中共淞沪中心县委纪念馆；2023年，该纪念馆被公布为苏州市党史教育基地。

苏州市区

◎ 震泽丝业公学旧址

震泽丝业公学旧址位于吴江区震泽镇藕河街38号。

震泽丝业公学建于1923年，由我国"两弹一星功勋奖章"获得者杨嘉墀的祖父杨文震牵头出资筹建，始为震泽丝业小学。1926年，学校增设初中班，报省备案后改称"丝业公学"。丝业公学原有两幢楼房，现存前幢，为二层西式楼房，坐北朝南，面阔四间。

1924年，经柳亚子引荐，中共党员姜长林、陈味芝等来震泽宣传、演讲，传授马克思列宁主义，宣传孙中山的"三民"主义，推动国共合作，以唤醒民众，掀起反帝反封建的斗争。1925年10月10日，国民党吴江县第三次代表大会在震泽丝业公学召开。10月11日，中共党员，国民党江苏省党部特派代表、组织部副部长姜长林出席在丝业公学举行的廖仲恺追悼大会。11月，中共浙江绍兴特支甲组（大学）党员陈味芝回到震泽，以丝业公学为通讯处，化名凌云，开展革命活动，他先后四次写信向中共中央（代号"曾延"）汇报工作情况，并就有关工作进行请示。

1997年，震泽丝业公学旧址被公布为吴江市文物保护单位。

震泽丝业公学旧址

中共苏州独立支部旧址

◎ 中共苏州独立支部旧址

中共苏州独立支部旧址位于姑苏区体育场路4号。

1925年8月,中共党员、国民党江苏省党部团书记、上海大学附中主任侯绍裘应邀到苏州乐益女子中学任校务主任,中共上海区委决定由他负责组建苏州党组织。8月底,侯绍裘邀请中共党员张闻天及共青团员张世瑜、徐镜平等一起到苏州任教。9月初,侯绍裘、张闻天、叶天底在乐益女子中学秘密成立中共苏州独立支部,侯绍裘因身兼数职担任委员,叶天底任支部书记兼组织委员,张闻天为宣传委员。

中共苏州独立支部是当时中共上海区委下属的9个外埠独立支部之一。它的成立揭开了苏州人民革命斗争的新篇章。

1988年9月,中共苏州市委在原乐益女子中学旧址勒石纪念。2022年7月1日,中共苏州独立支部旧址对外开放试运行,10月16日正式开放。

◎ 吴县县立乡村师范、启新中学旧址

吴县县立乡村师范、启新中学旧址位于相城区黄埭镇春光路 35 号江苏省黄埭中学校园内。

吴县县立乡村师范、启新中学旧址

吴县县立乡村师范（俗称"乡师"）成立于 1929 年，名誉校长为老同盟会会员、辛亥革命元老、著名的民主革命爱国将领李根源，首任校长为中共党员沈炳魁。抗战期间，乡师师生积极投身抗日宣传，一批学生奔赴延安。1943 年，中共党员孙洵在被日寇焚毁的乡师废墟上，办起了启新中学。

20 世纪 80 年代末对遗址进行修缮，整个设施保存完好，由江苏省黄埭中学保护利用。2023 年，江苏省黄埭中学校史陈列馆被公布为苏州市党史教育基地。

◎ 鸿生火柴厂旧址

鸿生火柴厂旧址位于姑苏区盘胥路新市桥西堍北侧。

1931年春,中共江苏省委调武进县委书记王伯奇任中共苏州中心县委书记。王伯奇到苏州后,在鸿生火柴厂先后发展张阿春、梁传贵、吕和尚、刘其庆入党。同年6月,在该厂建立党支部、团支部,梁传贵任党支部书记,吕和尚任团支部书记。支部安排党员打入工会组织,将工会掌握在党员手中。1931年,该厂曾发生两次罢工,都是党支部通过工会领导的。除组织罢工外,党支部还组织党员在厂内和附近的苏纶纱厂散发传单,以扩大影响。1932年2月,张阿春调任中共苏州中心县委组织部部长。同年3月,由于叛徒出卖,张阿春、梁传贵及吕和尚等人被捕,4月在雨花台慷慨就义。

旧址现存二层西式楼房1栋,楼西向,占地350平方米,面阔七间,青瓦坡顶,外墙以青红砖混砌,东、西立面二层均有券柱装饰,配百叶窗,为苏州市控制保护建筑。

鸿生火柴厂旧址

◎ 苏州总工会旧址（万寿宫）

苏州总工会旧址（万寿宫）位于姑苏区民治路98号。

万寿宫建于清康熙五十六年（1717）。宫内供奉万岁牌，是全城官员聚集于此举行朝贺大典的场所。1860年毁于战火，1870年重建。辛亥革命后，万寿宫成为苏州市群众性社会团体驻地。1927年3月31日，由中共党员潘志春、舒正基等组织的苏州总

万寿宫

工会筹委会召开代表大会，正式成立苏州总工会，选举舒正基为总工会执行委员会委员长、葛炳元为副委员长、周学熙为秘书长。会址设在万寿宫内，后迁至江苏按察使署内（今道前街170号）。

在苏州总工会成立后不到20天的时间里，全市相继成立了40多个行业工会，会员达数万人。苏州总工会的成立翻开了苏州工人运动新的一页，标志着革命运动走向新的高潮。蒋介石发动四一二反革命政变后，国民党苏州警备司令张镇率兵包围万寿宫，查封总工会。总工会负责人翻墙出走，避开搜捕，为进一步开展革命斗争保存了力量。

1951年，苏州市政府对万寿宫进行整修，宫门、仪门、正殿三进殿宇按原貌修复，后辟为群众文化活动场所，一度改称"人民文化宫"，牌楼正中有郭沫若当年题写的"人民文化宫"匾额。1963年，万寿宫被公布为苏州市文物保护单位。

◎ 伯乐中学旧址

伯乐中学旧址位于姑苏区长洲路吏舍弄 10 号。

汪伯乐（1900—1926），原名汪德骐，安徽怀宁人，生于苏州，因幼年时父母双亡，童年在苏州苦儿院生活。1916 年，汪伯乐考进江苏省立第一师范学校，毕业后任教员。五四运动时期，汪伯乐与同学一起参加罢课、游行，开办工人夜校，宣传新文化、新思想。1924 年，汪伯乐加入国民党，1925 年 10 月加入中国共产党。1926 年 8 月，汪伯乐接任中共苏州独立支部书记，领导苏州人民开展革命斗争。为迎接北伐军，汪伯乐组织武装策应"迎接北伐军中心组"。12 月 11 日因泄密，汪伯乐被军阀孙传芳部逮捕，14 日被押送至南京，16 日被秘密杀害。北伐军攻克苏州后，汪伯乐的母校江苏省立第一师范学校的师生提出筹建伯乐中学。1927 年 8 月，吴县私立伯乐初级中学落成。

1988 年 12 月，苏州市政府在伯乐中学旧址勒石镌刻"伯乐中学旧址"鎏金大字并附以简介，缅怀先烈。

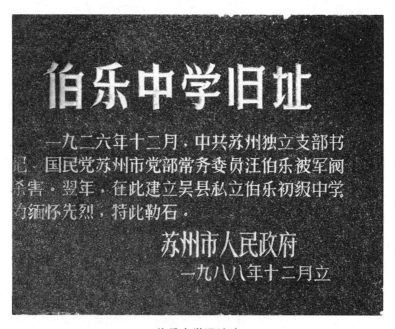

伯乐中学旧址碑

◎ 张应春故居

张应春故居位于吴江区黎里镇黎星村30号院内。

张应春（1901—1927），女，字秋石，吴江黎里人。1924年加入国民党。1925年秋，张应春加入中国共产党，并在上海创办《吴江妇女》（月刊），积极推动妇女解放运动，同年任国民党江苏省党部执行委员兼妇女部部长。1926年，张应春当选为中共江浙区委妇女运动委员会委员及中国济难会全国委员会委员。1926年春，张应春作为江苏代表赴广州参加国民党第二次全国代表大会。1927年4月10日，在蒋介石发动的南京四一〇反革命政变中，张应春与侯绍裘、刘重民、许金元

张应春故居

等一起被国民党反动派逮捕，不久被杀害于南京。

张应春故居为民国时期所建民宅，现存主屋面阔三间9.3米，进深6.2米，坐北朝南，硬山顶。厢屋面阔两间5.6米，进深3.4米，坐西向东，硬山顶。门前场地保留着一口古井。张应春故居占地159平方米，建筑面积为95平方米，天井面积为64平方米。

1997年，张应春故居被公布为苏州市文物保护单位。2021年4月，张应春故居入选《江苏省不可移动革命文物名录（第一批）》，同年11月修缮后开放，故居内展出张应春烈士生平事迹。2023年，张应春故居入选《苏州市第二批红色地名名录》。

◎ 张应春烈士墓（张应春烈士纪念馆）

张应春烈士墓（张应春烈士纪念馆）位于吴江区黎里镇厍星路188号吴江烈士陵园内。

1927年4月10日，在蒋介石发动的南京四一〇反革命政变中，张应春与侯绍裘、刘重民、许金元等被逮捕，不久被杀害于南京。1931年，柳亚子和张氏亲属在烈士故乡修建衣冠墓，于右任题写"呜呼秋石女士纪念之碑"。新中国成立后，张应春烈士墓屡有修葺，从原来不足30平方米的墓地扩展为一座总面积达7030平方米的革命纪念场馆。1986年，在烈士墓西侧新建张应春烈士纪念室。1992年，纪念室院内立汉白玉张应春烈士半身塑像，像座正面花岗石上镌刻张爱萍将军的题词"张应春烈士永垂不朽"，背面为吴江县政府立碑题文。同年4月，纪念室改为纪念馆，"张应春烈士纪念馆"匾额由陆定一题写。

1995年，张应春烈士墓被公布为江苏省文物保护单位，张应春烈士纪念馆被公布为苏州市爱国主义教育基地。2021年，张应春烈士墓入选《江苏省不可移动革命文物名录（第一批）》《苏州市第一批红色地名名录》；2022年入选《江苏省第二批红色地名名录》。

张应春烈士墓

◎ 陈继昌烈士故居

陈继昌烈士故居位于吴中区甪直镇东市下塘街戴家弄 7-6 号，内有陈继昌墓。

陈继昌（1906—1930），原名陈寿銎，苏州甪直人。1919 年，陈继昌参加五四运动。1926 年，陈继昌在南京电报局当报务员，成为一名中共地下党员。1930 年，根据党组织的指示，陈继昌积极鼓动电报局工友以"提高待遇，反对政治迫害"为由集会罢工，致使全局业务瘫痪，南京与各地联络中断，引起南京政府的恐慌。同年 7 月 29 日，陈继昌遭南京卫戍司令部逮捕，8 月 18 日在雨花台英勇就义，年仅 24 岁。

陈继昌烈士故居今貌

◎ 中山堂

中山堂位于姑苏区观前街玄妙观三清殿后侧。

中山堂原址为玄妙观的后殿——一座建于明正统三年（1438）的精致宏伟的弥罗宝阁，1912年8月毁于大火。为纪念孙中山先生的伟大功绩，在原址改建中山堂，成为当时吴县的主要社会活动场所。1936年11月20日，苏州各界代表百余人在中山堂成立吴县各界绥远卫国将士后援会，掀起援绥抗日热潮。1949年4月30日，苏州各界人士会议在中山堂召开，宣布苏州市军事管制委员会成立，中国人民解放军第三野战军第十兵团政委韦国清任军事管制委员会主任。同时，宣布成立中共苏州市委、市政府，惠浴宇同志任苏州市委书记兼市长。

2005年，中山堂被列为苏州市控制保护建筑；2014年被公布为苏州市文物保护单位。

中山堂（现由苏州喜剧院使用）

◎ 水家港支部——吴江区第一个农村党支部

水家港村"数字乡村客厅"

水家港村隶属吴江区桃源镇。

1938年10月,为争取严墓地区(今桃源镇铜罗社区)的地方抗日武装,发展抗日民主统一战线,中共浙西特委党员韩昌发展沈英杰、徐阿珍等多名积极分子先后加入中国共产党,并成立党小组。1939年5月成立水家港支部,沈英杰任书记。1940年10月,中共浙西特委分中共浙西路东特委(又称"中共浙西北特委")和中共浙西路西特委,吴江县严墓地区的党组织改由中共浙西路东特委领导。11月,中共浙西路东特委机关和中共吴兴县委机关同设在水家港。水家港支部是中共党组织在严墓地区成立的第一个农村党支部,它的建立点燃了严墓地区的红色之火,推动了严墓地区的党组织不断发展壮大。

2023年4月,吴江区桃源镇水家港村"数字乡村客厅"建成使用,内设一面展墙,介绍水家港支部的诞生与革命活动情况。

◎ 太平桥会师遗址

太平桥会师遗址位于相城区太平街道太平老街。

1939年5月中旬,江抗副总指挥吴焜率江抗二路1营和3营先行到达阳澄湖畔的太平桥,与中共江南特委领导的常熟民抗、新六梯团、苏北抗日义勇军会合,标志着阳澄湖地区的抗日武装斗争进入新阶段。同年6月底,叶飞率江抗进入苏常地区,江抗总指挥部移驻太平桥,9月又移驻常熟唐市一带。

太平桥会师遗址

◎ 叶飞与胡肇汉谈判处旧址

叶飞与胡肇汉谈判处旧址位于相城区太平街道太平老街九思街 24 号。

苏州沦陷后,爱国志士陈味之、钱蕴仁等组建阳澄湖游击队。1938 年 10 月,行伍出身的胡肇汉拉拢亲信发动兵变,控制游击队,自封司令。部队很快扩大为 2 个大队,有 40 余条船、近 300 人,成为阳澄湖地区最有影响力的一支地方武装力量。1939 年 7 月,叶飞到九思街王宅争取胡肇汉接受加委。7 月底,胡肇汉部被正式收编为江抗四路独立第一支队,胡肇汉任江抗四路副总指挥兼独立第一支队司令。同年 10 月,部队西撤至扬中整训,后渡长江北上抗日。

叶飞与胡肇汉谈判处旧址王宅为南宋初年三沙王氏始迁祖王皋第 27 世孙王舆龄宅第,清初兴建,前后四进,皆面阔三间。2016 年,太平街道对王宅进行修缮,复原谈判场景,2017 年正式对外开放。

叶飞与胡肇汉谈判场景复原

◎ 中共江南特委、苏州县（工）委、太平区工委旧址

中共江南特委、苏州县（工）委、太平区工委旧址位于相城区太平街道太平老街北浜北岸16号。

1939年9月，中共苏州县（工）委和江抗驻太平桥办事处在太平桥沈宅（裕源米行）成立，由翁迪民（又名宫岳，中共党员）任苏州县（工）委书记，下辖太平、湘城、悬珠、渭塘、南北桥5个区（工）委。至此，苏常地区建有常熟、苏州两个党的县级领导机关。其时，中共江南特委也移驻太平桥北浜北岸沈宅。太平桥作为苏州县（工）委的主要活动区，一度成为东路地区沟通苏锡东、西两翼的联络中心。苏常地区掀起了抗日群众运动的新高潮。

旧址原为沈家私宅，2021年太平街道对其翻建维修，建成后总建筑面积262平方米，包括"初心回眸""星火燃起""太平传承"3个多功能主题展示馆。2022年，中共苏州县工作委员会旧址被公布为苏州市党史教育基地。

中共江南特委、苏州县（工）委、太平区工委旧址

◎ 中共苏州县（工）委交通联络站、江抗驻消泾办事处旧址（阳澄湖江抗纪念馆）

中共苏州县（工）委交通联络站、江抗驻消泾办事处旧址（阳澄湖江抗纪念馆）位于相城区阳澄湖镇消泾老街26号。

1939年9月，中共苏州县（工）委交通联络站、江抗驻消泾办事处设在沈菊英家，以沈家为依托，开展各项抗日活动。夏光、翁迪民、徐克强等党政领导常在此开会，商讨大计。1940年7月，沈菊英牺牲。1941年4月，沈菊英的儿子陆义牺牲。同年7月，日伪军对阳澄湖地区发动"清乡"，洋澄县政府奉命撤销，中共苏州县（工）委交通联络站、江抗驻消泾办事处完成使命。

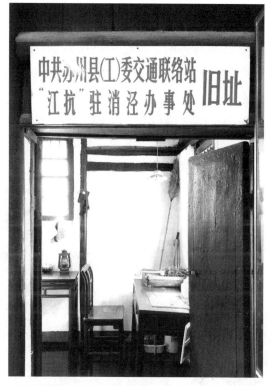

中共苏州县（工）委交通联络站、江抗驻消泾办事处旧址

1995年8月，中共吴县市委、市政府将旧址改建为阳澄湖地区抗日斗争史迹陈列馆，馆名由原江抗东路司令部司令夏光题写。2024年4月，新改建的阳澄湖江抗纪念馆正式开馆。场馆共两层，分为"阳澄湖抗战烽火""缅怀先烈""江山即人民，人民即江山""传承红色基因"4个部分，共9个展区。

2004年、2009年，旧址两次被公布为苏州市爱国主义教育基地。2005年，旧址被公布为苏州市文物保护单位。2021年，旧址入选《江苏省不可移动革命文物名录（第一批）》。

◎ 中共浙西路东特委和中共吴兴县委旧址

中共浙西路东特委和中共吴兴县委旧址位于吴江区桃源镇铜罗社区民主街6号。

1940年11月，中共浙西路东特委和中共吴兴县委机关同设在严墓镇福泰兴烟纸店内，时任吴兴县委书记的史列青以烟纸店老板的身份、严墓区委书记赵子扬以小学教师的身份，共同掩护特委机关开展活动。党的组织在严墓一带得到了较快发展，先后建立了5个支部和1个党小组。1941年1月，皖南事变爆发，国民党顽固派掀起反共浪潮。同年3月，中共浙西路东特委机关和中共吴兴县委机关分别撤向浙江南浔镇和双林镇。

旧址坐北朝南，面阔一间5.2米，进深7.7米，两面临街，砖木结构，原为两层，1963年二楼遭拆除，现仅存一楼。2021年经修缮，基本恢复原貌，现免费对外开放。

福泰兴烟纸店

2014年，旧址被公布为苏州市文物保护单位；2021年入选《江苏省不可移动革命文物名录（第一批）》《苏州市第一批红色地名名录》。

大同文具店

◎ 中共淞沪地委吴江秘密联络点旧址（大同文具店）

中共淞沪地委吴江秘密联络点旧址（大同文具店）位于吴江区黎里镇梨花街西王家弄1号。

1940年9月，中共淞沪中心县委派夏明辉到淀山湖以西的吴江地区开辟党的地下工作，10月夏明辉来黎里发展金佩扬加入中国共产党。1941年年初，夏明辉与金佩扬在黎里建立秘密联络点，以在西王家弄弄口一楼底开设大同文具店为掩护，发展党组织，开展抗日斗争。同年11月，夏明辉离黎里去浙东游击队，中共淀山湖工委派张荣生（又名陈企周）到黎里，以金佩扬香烟摊（大同文具店）为联络点，继续开展党的工作。

中共淞沪地委吴江秘密联络点旧址（大同文具店）既是中共淞沪中心县委在吴江开辟的第一个秘密联络点，也是吴江地下党组织成员金佩扬等最早的秘密活动点。

旧址面阔约3米，进深约3.2米，建筑面积约10平方米，1994年被吴江市政府公布为吴江市文物控制单位。经修缮，现免费对外开放。

群乐旅社旧址

◎ 群乐旅社旧址

群乐旅社旧址位于吴江区平望镇司前街21号。

群乐旅社建于1926年，为吴梅先所建。该旅社坐南朝北，背枕頔塘，依水临街而建，布局别致，原貌尚存，是三层"回"字形砖木结构建筑，中间房顶筑有玻璃穹顶，又呈现典型的西洋风格。群乐旅社先后由吴梅先、唐海金、叶洪昌经营。

1941年，中共昆嘉青中心县委青东区中队长徐友基多次到平望指导抗日武装，以群乐旅社为掩护开展地下工作。处于危险中的地下党联络员曾多次从旅社边上的码头乘船离去，化险为夷。1944年，自平望地区第一个党支部成立后，因党组织不断发展，联络点被搬到群乐旅社西侧的轮船码头二楼，上级党的联络员入住群乐旅社。群乐旅社成为当时平望地区地下党组织开展工作的枢纽和指挥所。

2014年，群乐旅社旧址被公布为苏州市文物保护单位；2021年入选《江苏省不可移动革命文物名录（第一批）》；2023年入选《苏州市第二批红色地名名录》。

◎ 艺社旧址

艺社旧址位于姑苏区颜家巷16号。

1934年,苏州知识青年郑山尊发起组织艺社,成员有60人左右,以店员、学徒和小学教员为多,社址设在祥符寺巷郑觉因家。艺社借《吴县日报》副刊出版文学旬刊,编办《妇女》副刊、《星海》期刊等,邀请上海的一些业余剧社来苏演出《月亮上升》《名优之死》《苏州夜话》《南归》等剧目。1935年,艺社扩大征收社员,常熟、宜兴等地志趣相投的仁人志士争相报名。1936年,艺社被勒令解散。

现在的艺社旧址原是王謇故居"海粟楼"所在地。当时艺社演出团体活动地原址在碧凤坊16号,为清代建筑,二路三进,占地2000平方米。1998年对观前地区进行大规模综合整治改造时,艺社按原样移建至新址。新址正门匾额由中国文联原主席周巍峙先生题写。

艺社旧址

◎ 戴忠烈士故居

戴忠烈士故居位于吴中区甪直镇东市下塘街陆家湾5号。

戴忠（1903—1942），原名宗槃，字敏求。北伐战争前夕，戴忠发动民众开展反封建军阀的斗争，宣传孙中山"联俄、联共、扶助农工"的三大政策。1939年，戴忠由同乡严修桢同志介绍加入抗日部队。1940年夏，戴忠在常熟东乡参加新四军（江抗）地方工作。同年秋天，日伪军下乡扫荡，疯狂实行"三光"政策，戴忠不幸被捕，后经组织营救出狱。在部队担任简报编辑工作期间，戴忠积劳成疾，因病医治无效，1942年5月逝于苏北靖江县丁庄，年仅39岁。1952年5月，戴忠被批准为革命烈士。

戴忠烈士故居

◎ 中共苏西县武工队下绞伏击战遗址

中共苏西县武工队下绞伏击战遗址位于吴中区光福镇福利村下绞里（村）旁的公路段上。

在反"清乡"斗争中，中共苏西县委和武工队坚持发动小型武装斗争，主动打击日伪军。当时，日伪特工光福组组长陈天明死心塌地地效忠日寇，武工队决定拔除掉这颗"钉子"。1943年2月的一天，在武工队获悉陈天明隔天早上会与2名日军一起乘车去苏州办事的情报后，中共苏西县委委员胡云翔带领武工队预埋伏在公路旁边。第二天凌晨，武工队在其汽车经过时开枪射击，交战中击毙日军小头目1名，陈天明逃往木渎。这次伏击战极大地震慑了苏西日伪驻军和汉奸。

2021年3月，中共吴中区光福镇党委、镇政府，吴中区老区开发促进会立碑纪念。

中共苏西县武工队下绞伏击战遗址纪念碑

◎ 新四军太湖平台山遭遇战遗址

新四军太湖平台山遭遇战遗址位于吴中区光福镇冲山村平台山。

1943年4月,新四军6师16旅独立2团参谋长王香雄与团政治处主任林胜国率2营1部和团部部分人员,从锡南出发,乘船前往苏西开展反"清乡"斗争。行驶到平台山附近时,因天气原因,部队就近登岛休整,待第二晚再行动。团组织股股长黄冠球、指导员戴述周率领10多名同志在岛外放哨。第二天中午,放哨同志与3艘日伪军太湖巡逻艇相遇,激战至下午,放哨同志击毙和重伤敌艇上的大部分日伪军,迫使其仓皇逃回无锡驻地。我方除一名渔民泅渡脱险外,其余放哨同志全部牺牲。当晚,其余新四军人员在增援部队和群众的帮助下安全撤离。日伪军调集兵力前来围剿时,岛上已空无一人。

2021年3月,中共吴中区光福镇党委、镇政府,吴中区老区开发促进会立碑纪念。

平台山

◎ 太湖抗日游击队横山岛战斗地遗址

太湖抗日游击队横山岛战斗地遗址位于吴中区金庭镇东村村横山。

1943年8月6日,中共苏西县委书记、苏西游击队政委徐行,中共苏西县委委员、苏西游击队司令薛永辉带领游击队队员,在横山岛盘龙寺开会,并在寺外布置了哨兵站岗。驻扎在西山东河镇的部分日伪军路过横山时,发现哨兵,迅速向南逃退。徐行、薛永辉等听到哨声,立即停止开会,组织游击队分上、下两路追击。日军小队长须川直一被打死,汉奸翻译被活捉(后被处决),船上的日伪军大多受伤。驻西山的日伪军受重创,再也不敢小股出动骚扰地方了。

远眺横山岛

◎ 新四军太湖游击队漫山岛训练地遗址

新四军太湖游击队漫山岛训练地遗址

新四军太湖游击队漫山岛训练地遗址位于吴中区光福镇冲山村漫山岛。

漫山岛是一个四面环水的湖心岛，在抗日战争、解放战争时期，中共太湖县委书记许英、中共苏西县委书记薛永辉等先后领导苏西抗日武装、新四军太湖县留守处、武工队，在这里避敌锋芒，开展学习、整训。1944年，薛永辉等被日军围困在冲山岛期间，新四军6师16旅独立2团参谋长王香雄带领一批新四军，驻扎在漫山岛，准备去冲山接应薛永辉等人。

2021年3月，中共吴中区光福镇党委、镇政府，吴中区老区开发促进会立碑纪念。

◎ 秦大刚（江）故居

秦大刚（江）故居

秦大刚（江）故居位于高新区通安镇金墅街38号。

秦大刚（江）（1926—1947），江苏苏州人。1944年，他在通安镇金墅航船浜村一所小学任教并参加抗日活动，宣传抗日救国思想，动员青年参加民兵组织。1945年3月加入中国共产党，并加入新四军太湖县总队。抗战胜利后，秦大刚（江）留守苏西，配合各处争取收编国民党忠义救国军淞沪区第五团，发动群众开展"三抗"（抗丁、抗租、抗捐税）斗争、惩处叛徒特务、扫除湖（太湖）匪。1947年1月，秦大刚（江）率领武工组在金墅西泾湾村宿营，因叛徒告密，被国民党反动派太湖"清缴"区指挥部驻军、保安队100余人包围，秦大刚（江）壮烈牺牲。

秦大刚（江）故居始建于清代末期，是一座砖木结构的二层小楼，具有传统苏式建筑风格，由前院、主房、灶屋、后院四部分组成，坐北朝南，建筑面积约250平方米。主房基本保持原貌，屋内保留有秦大刚（江）遗像及其生前使用过的床、写字台、衣橱等物件，但因年久失修，暂不对外开放。

◎ 中共黎里支部秘密印刷厂旧址

中共黎里支部秘密印刷厂旧址位于吴江区黎里镇道南桥堍建新街1号。

1947年冬，中共黎里支部为解决党内文件和学习资料较少的问题，支部书记吴关龙经过请示上级领导刘世和同意，在道南桥协源米行的后进仓库楼上中共地下党员平静人的卧室内办起印刷厂。1949年年初，吴关龙又在镇东的乾丰米行（原八角亭、地藏殿隔壁）后进的小平屋里设分厂。印刷厂的刻印、装订工作由党员平静人、平征明、平元增、汝贤浩分工负责，在晚上秘密印刷。至1949年5月印刷厂停办止，共刊印《新民主主义论》《中国共产党章程》《目前形势和我们的任务》等10多种党内文件和学习材料。油印材料一部分给黎里的同志传阅，一部分由上级党组织派给到黎里联系工作的同志带走，供芦墟、平望、盛泽、嘉兴等地的党内同志学习。

旧址经多次修缮后又添置了老式印刷机、油墨、案台等设施，生动复原了当年秘密印刷的场景，现免费对外开放。

协源米行

◎ 周志敏烈士故居

周志敏烈士故居位于吴中区光福镇窑上村 10 组。

周志敏（1921—1948），原名许培贵，历任阳山区办事处主任、区委书记，太湖县留守处苏西分处主任，武工队队长。1941 年加入中国共产党，化名周志敏，在太湖周边的农村广泛团结群众，组织兄弟会、姐妹会，开展抗日活动。留守太湖县后，周志敏领导苏西群众开展"三抗"斗争，深受群众爱戴。1948 年 3 月 9 日，周志敏被国民党反动军警围困，在突围时壮烈牺牲。

周志敏烈士故居

◎ 苏州孩子图书馆旧址

苏州孩子图书馆旧址位于姑苏区石塔头4号。

1948年冬,中共地下党员、永华小学教师钱君华联合几位进步青年和地下团员,发起筹建以少年儿童为服务对象的孩子图书馆,以掩护地下活动。建馆经费主要是向社会各界募捐。宋庆龄创办的中国福利基金会儿童福利站,以及著名的儿童文学作家陈伯吹、贺宜、龚炯、董林肯、金近等捐赠了大批少年儿童读物。苏州和上海的一些工商界人士、中小学教师、工厂与商店职工也纷纷捐款。经过4个多月的筹备,共集到少年儿童读物6000余册。1949年4月4日,苏州孩子图书馆在金门内石塔头4号正式开馆,苏州解放后数月,图书馆迁至金门内义昌木行,不久又迁宝林寺前原达材小学分部旧址。1950年8月1日,苏州孩子图书馆并入苏州市立图书馆,改为苏州市立图书馆的儿童阅览室。

旧址现存一路五进,为苏州市控制保护建筑。

苏州孩子图书馆旧址

第一编 革命旧址、遗址·苏州市区

◎ 中共洞庭区工委、新四军洞庭办事处旧址

中共洞庭区工委、新四军洞庭办事处旧址位于吴中区东山镇莫厘村尚锦石井。

为贯彻"巩固老区,建设新区,开辟边区,建设中心根据地"的方针,中共太湖县委在巩固苏西、锡南、马山地区的同时,着手开辟洞庭东、西山,扩大太湖抗日游击根据地。1945年1月,中共洞庭区工委和新四军洞庭办事处成立,徐亚夫任区工委书记兼办事处主任。同年5月,东山区武工队和西山区武工队相继成立。至此,中共太湖县委成功地开辟了洞庭东、西山,基本形成了京杭大运河以西,包括苏西、洞庭、锡南、马山在内,面积达800平方公里、人口达30余万的太湖抗日游击根据地。1945年10月,新四军北撤以后,太湖县办事处及所属行政机构撤销,成立新四军太湖县留守处,下设苏西、锡南、马山3个留守分处。

该旧址现为猛将堂。2023年11月,设立旧址纪念碑。

新四军洞庭办事处旧址

◎ 太湖军政委员会旧址

太湖军政委员会旧址位于吴中区东山镇启园内。

为壮大革命力量，发展党的组织，迎接全国解放，1947年秋，上海地下党组织通过洞庭东山旅沪同乡会，先后将多名中共地下党员转移到东山安定小学，以教师身份为掩护开展工作。1948年9月，中共东山支部成立。至东山解放，党支部先后在农民、教师、学生、医生中发展党员12人，相继组建了地下农会、学生会等组织。1949年4月26日，中共东山支部在与上级党组织失去联系的紧要关头，公开组织武装，袭击国民党东山警察所，缴获全部武装，宣布东山解放，在启园宣告建立临时革命政权——太湖军政委员会，王侠庆任主席，唐坚柏任政委。以农协骨干为主组建太湖区中队，担当起维护东山镇治安、生产、生活的重任。1949年5月底，中共横泾区委到东山接管地方政权，太湖军政委员会完成历史使命。遵照上海方面党组织的决定，中共东山支部成员全部撤到上海，东山地方上入党的党员则留下，由地方上使用。

启园镜湖楼

◎ 太湖游击队西华联络点旧址

太湖游击队西华联络点旧址位于高新区镇湖街道石帆村（4）中石帆30号。

旧址原为理发店和杂货铺，是抗日战争和解放战争时期新四军、太湖游击队在苏西地区的一个秘密联络点。联络点有房屋2间，面积40平方米，南临石帆港，西侧为村间道路，地处村庄中心位置，附近曾有航船码头、农村集市，便于交通员联络、传递情报和运输物资。

2019年，镇湖街道对联络点房屋进行修缮，室内介绍了"寺桥战斗""东山庙伏击战""许如玉夜半绣党旗"等抗日斗争事迹，陈列了姚阿大等当地烈士英名录，还放置有旧时桌椅和生活器具等。

太湖游击队西华联络点旧址

◎ 中共黎里支部联络点（小小商店）

中共黎里支部联络点（小小商店）位于吴江区黎里镇平楼街32号。

小小商店

1949年年初，黎里地下党支部负责人平静人和党员包一鸣、张淦泉在镇东何家浜口开设"小小商店"，将其作为中共吴（江）嘉（兴）工委的秘密联络点，至5月初黎里解放后完成历史使命。在不到半年的时间里，上级党组织派人布置工作、传递信息等会以买东西为掩护在小店进行联络，地下党内的活动和一些小型会议也在这个联络点举行。在黎里解放前夕，与土匪胡伯龙的战斗命令也是从这里发出的。

2021年，黎里古镇推出首条黎里沉浸式红色文旅线路"请回答1921"，小小商店在经过布景复原后被设计为红色文旅线路的起点。

◎ 交通部苏州电信局旧址

交通部苏州电信局旧址位于姑苏区阊邱坊巷11-21号。

交通部苏州电信局旧址

1934年11月，吴县电话局、电报局合并，改称交通部吴县电报局。局址设在阊邱坊巷。苏州沦陷时，电报通信中断，至1938年恢复。抗日战争胜利后，电报局、电话局两局再度合并，改称交通部苏州电信局。1946年10月，又改称交通部吴县电信局，直至苏州解放。

1949年4月26日晚上，中国人民解放军在苏州城西外围发起进攻，电信局地下党接收到"苏州即将解放，必须做好护局工作，防止敌人溃逃时破坏"的指示，保住了电信局大部分设施，使电信局基本完好地交还到人民手中，保证了苏州在解放后通信的畅通无阻。

2004年，交通部苏州电信局旧址被公布为苏州市文物保护单位。

◎ 苏州电气股份有限公司旧址

苏州电气股份有限公司旧址

苏州电气股份有限公司（简称"电厂"）旧址位于姑苏区劳动路苏源电力建设工程公司内。

1920年5月，苏州电气股份有限公司创办，发电所设在苏州胥门外枣市街。苏州解放前夕，苏州工委委派总工会惠志方、汪荣生前往电厂领导护厂工作，同时在鸿生火柴厂组织一支武装力量协助保护电厂。电厂工会组织"生产护厂队"，防止敌人破坏。从1949年4月25日起，在积极分子的带领下，职工们自觉地坚守岗位，确保正常运转。临近苏州解放时，电厂燃煤将尽，护厂队队员一面铲掘地脚煤，一面外出设法运煤，保证了苏州解放前后的正常供电。

旧址现存新中国成立前后所建办公用房5栋，其中，2栋为二层楼房，3栋为平房，均为青砖外墙，砖木结构，总分布面积近2400平方米，为苏州市控制保护建筑。

第一编 革命旧址、遗址·苏州市区

◎ 解放苏州城区首战旧址(铁铃关)

铁铃关位于姑苏区枫桥景区内,紧邻枫桥及大运河,毗邻寒山寺。

铁铃关建于明嘉靖三十六年(1557),是为抵御倭寇入侵而建造的一所关隘,与关前的运河及枫桥构成一道扼守苏州城西的重要屏障,故又称"枫桥敌楼"。1949年4月23日夜,中国人民解放军第二十九军85师、86师及87师260团、军炮团等部担任解放苏州的主攻任务。26日下午4时许,85师254团将敌击退至枫桥。入夜,该团以1营和3营在枫桥铁铃关北、南两侧展开。27日拂晓,254团3营在机枪火力的掩护下,同时向铁铃关、江村桥发起猛攻,吹响了解放苏州城区的冲锋号角。4月27日6时40分,苏州城区宣告解放。

1963年,铁铃关被公布为吴县文物保护单位;1982年被公布为江苏省文物保护单位。2019年9月24日,枫桥风景名胜区建设开放铁铃关战斗史迹陈列馆。陈列馆占地面积400平方米,以史实为依据,展示了苏州解放的历史进程。

铁铃关

◎ 跨省迎解放指挥所（震泽商会旧址）

跨省迎解放指挥所（震泽商会旧址）位于吴江区震泽镇斜桥河路1号。苏州解放前夕，由党组织实际控制的震泽镇工商自卫大队在震泽商会设立防御工事，并以此为指挥所，先后武装击退太湖吴江警备司令部、国民党省保安九团、省水上警察总队等匪特的进攻。5月2日下午，中国民主同盟（简称"民盟"）成员沈求我在南浔会见中国人民解放军第三野战军第九兵团27军79师236团团长李启明和政治处主任温茂卿等。随后，27军正式接受震泽镇工商自卫大队的缴械投诚。5月3日凌晨，中国人民解放军236团战士进入震泽镇区，震泽宣告解放。

旧址共两层，砖木结构，占地面积约300平方米，因年久失修，现处于关闭状态。

跨省迎解放指挥所（震泽商会旧址）

◎ 上海战役指挥机关旧址

上海战役指挥机关旧址位于姑苏区五卅路148号金城新村。

金城新村是金城银行在20世纪30年代中期为其高级职员建造的新型住宅，占地约1.2万平方米，建筑面积6400余平方米，共有10余幢单体建筑，俱为砖木结构的二层西式建筑。1949年5月8日，中国人民解放军第三野战军

上海战役指挥机关旧址

副司令员粟裕、参谋长张震率第三野战军指挥机关进驻苏州金城新村，在此直接指挥解放上海的战役。5月10日，张震草拟了淞沪战役作战命令，经粟裕审定后，以陈毅、粟裕、谭震林、张震4位第三野战军首长的名义签发，这是第三野战军指挥机关进驻金城新村发出的第一道命令，标志着解放上海的战役正式拉开帷幕。5月26日，粟裕在金城新村签发第三野战军淞沪警备命令后，于当夜率第三野战军指挥机关离开苏州。苏州不仅是第三野战军上海战役指挥机关的所在地之一，也是解放上海参战部队的重要后方基地之一。1951年，金城新村成为中共苏州地委、苏南人民行政公署苏州区专员公署驻地。地市合并后，金城新村为中共苏州市委所在地。

1991年，金城新村被列为吴县文物保护单位；2021年入选《江苏省不可移动革命文物名录（第一批）》。

◎ 中国人民解放军第三野战军政治部旧址

中国人民解放军第三野战军政治部旧址位于吴中区木渎镇下塘街3号至7号。

1949年5月11日,中国人民解放军第三野战军政治部在主任唐亮、副主任钟期光的率领下,由苏州乐乡饭店移驻木渎镇下塘街。5月15日,政治部机关召开上海市军事接管委员会第三次会议,经讨论、研究,形成19条决议,为对上海市国民党军事系统的顺利接管奠定了基础。5月25日晚,政治部机关离开木渎,26日晨抵达上海市。

旧址为沿河建筑,3号三进房屋已全部废弃,只存北面和东、西侧的围墙、门窗等。5号房屋在2020年发生的一场大火后重建。7号北面第一进已翻建成二层楼房,对外出租用于经营,后面有一小天井,在西面弄堂开了边门,门牌号为8号。

中国人民解放军第三野战军政治部旧址

雕花楼

◎ 解放军苏南军区太湖剿匪指挥部、太湖行政办事处旧址

解放军苏南军区太湖剿匪指挥部、太湖行政办事处旧址位于吴中区东山镇雕花楼内。

1949年7月10日,中国人民解放军苏南军区决定:在吴县东山镇,设立太湖剿匪指挥部(办公地点设在东山雕花楼,11月移至光福镇,后又迁回东山),统一指挥苏州、常州、湖州3个军分区及沿湖7个县的武装力量,在所辖区域内进行剿匪斗争。苏州军分区司令员王治平为总指挥。1949年7月中下旬,太湖行政办事处(简称"太湖办",属临时性机构,无固定场所,随太湖剿匪指挥部行动)成立,倪大成任主任,王治平兼任太湖办行政特派员。1950年4月15日,太湖办挂牌成立,正式明确区划范围,并固定在东山镇公开办公。1950年年末,各地人民政权相继建立、巩固和完善,中国人民解放军苏南军区太湖剿匪指挥部光荣地完成了历史使命。

◎ 吴晓邦故居

吴晓邦故居位于姑苏区北浩弄腌猪河头25号。

该故居为苏州传统民居建筑,建于民国时期,现存两进,为走马楼形式,是苏州市控制保护建筑。

吴晓邦故居外景

◎ 沈求我故居

沈求我故居位于吴江区盛泽镇沈家村2组沈家坝。

沈求我（1917—2001），江苏吴江人。1945年，加入民盟。1947年年末，沈求我返回家乡震泽镇，以商人身份活动于社会。1949年4月，沈求我会同地方各界进步力量，稳定地方武装，并多次粉碎国民党溃军的阴谋，秘密与中国人民解放军取得联系，同时策动震泽镇工商自卫大队缴械投诚，迎来震泽镇的和平解放。1952年，沈求我加入中国国民党革命委员会（简称"民革"），1957年11月加入中国共产党，后当选为民革第七、八届中央副主席。他长期致力于共产党领导的多党合作和统一战线事业，并为之做出了重要贡献。

沈求我故居是江南特有的粉墙黛瓦式民居，内部为砖木结构，占地约120平方米，故居内展陈实物30件、图片10幅和若干文献资料。

沈求我故居

第二编

纪念设施

张家港市

◎ 双山岛渡江胜利公园

双山岛渡江胜利公园位于张家港市双山香山旅游度假区双山岛主江堤内侧。

双山岛是中国人民解放军渡江战役的最东线战场。1949年4月21日晚,中国人民解放军第三野战军29军85师253团1营1连、2连和2营4连在双山登陆,在双山人民的配合下,与国民党军队激战一夜,击毙50余人,俘获100余人,至22日黎明解放双山。我军在战斗中有11名指战员壮烈牺牲。1982年8月,在双山渡口建烈士纪念碑,后因城市建设而拆

双山岛渡江胜利公园

除。2011年4月,双山渡江战役烈士纪念碑在现址重建完成。

近年来,双山香山旅游度假区以"千里渡江最东端,苏州解放第一枪"为主题,以双山渡江战役烈士纪念碑区域为核心,建设双山岛渡江胜利公园。公园总规划面积约30万平方米,包括纪念碑广场纪念区、"胜利之路"展示区、双山岛渡江战役纪念馆、清风文化荷园、拓展区等五大组团。其中,纪念碑广场纪念区、"胜利之路"展示区、清风文化荷园于2019年建设完成;拓展基地一期项目于2021年下半年对外开放;双山岛渡江战役纪念馆于2021年6月开馆。

双山岛渡江胜利公园先后获评江苏省双拥示范基地、江苏省党史教育基地、苏州市党史教育基地、苏州市爱国主义教育基地、苏州"海棠花红"先锋阵地。

◎ 巫山渡江战役登陆纪念碑

巫山渡江战役登陆纪念碑位于张家港市金港街道巫山之巅。

1949年4月21日夜,中国人民解放军第三野战军29军85师253团、254团、255团从靖江县新港起航,强渡长江,分别在沙洲双山沙、长山西段和石牌港、长山中段和巫山港之间与国民党守军激战。至22日拂晓,255团攻占巫山地区。张家港境域随即解放。是役,指导员田力等200余名指战员壮烈牺牲。

1992年4月,中共张家港市委、市政府建造巫山渡江战役登陆纪念碑,碑正面刻有"渡江战役登陆纪念"8个大字,背面镌刻"渡江登陆纪略"。纪念碑南北背向,背北可辨当年登陆作战的地点,向南可重现当年登陆后向纵深进攻的态势。1995年,巫山渡江战役登陆纪念地被公布为张家港市爱国主义教育基地;2007年被公布为张家港市文物保护单位。

巫山渡江战役登陆纪念碑

◎ 张家港市烈士陵园

张家港市烈士陵园，又名香山陵，位于张家港市金港街道江海南路901号。

香山陵

陵园占地约2.4万平方米，前身为沙洲公墓，1991年由沙洲公园迁建至香山风景区，1992年4月建成。陵园面向东南，呈矩形方阵，以仿古园林建筑为特色，融自然风光于一体。陵园内有9座纪念建筑物，分别是"香山陵"石牌坊，贯虹桥，"沙洲农民暴动起义""革命烈士英勇就义""中共沙洲县委、沙洲县抗日民主政府成立""沙洲抗日游击根据地"4座纪念群雕，革命烈士纪念馆，革命烈士纪念碑，烈士忠骨存放室。气势雄伟壮观、庄严肃穆。

1995年、2006年，张家港市烈士陵园两次被公布为张家港市爱国主义教育基地；1995年6月被公布为张家港市文物保护单位，同年7月被公布为张家港市烈士纪念建筑物保护单位；2022年被公布为苏州市党史教育基地。

◎ 童德载烈士铜像

童德载烈士铜像位于张家港市烈士陵园内。

童德载（1924—1941），张家港杨舍人，1939年就读于梁丰中学。1940年10月，在新四军江抗民运工作队的帮助下，他发起成立了"梁丰学生抗敌联合会"，并任执行委员。童德载还创办了新民俱乐部，号召同学团结一致，投身到抗日救亡的洪流中去。1941年5月21日深夜，童德载在青龙桥遭到国民党忠义救国军的伏击而被捕。6月18日夜，童德载在恬庄附近英勇就义，时年仅18岁。

1998年10月，梁丰高级中学建造童德载烈士铜像。铜像基座长1.9米、宽1米、高1.47米，顶部安放烈士铜制胸像，高1.1米。基座背面镌刻烈士的英勇事迹。2004年，铜像被迁至张家港市烈士陵园内。

童德载烈士铜像

◎ 南丰之战纪念地

南丰之战纪念地位于张家港市南丰镇南丰东路 60 号。

1945 年 10 月 20 日，新四军苏浙军区第二纵队执行国共双方签订的《政府与中共代表会谈纪要》，即"双十协定"，奉命撤出苏南、浙江、皖南、皖中等 8 个解放区，向长江以北转移。政委谭启龙、参谋长刘亨云率领部队和地方干部六七千人北撤，途中宿营南丰镇时遭国民党别动军京沪卫戍总队及地方伪保安队的袭击。21 日清晨，新四军在镇东南半公里的火烧圩

南丰之战纪念地

及镇北 1 公里的文和圩与之激战并取得胜利。23 日，新四军苏浙军区第二纵队从七圩港至护漕港之间的各港口安全渡江北撤。

2005 年 11 月 19 日，为纪念南丰战斗胜利 60 周年，南丰镇政府在南丰广场建南丰之战纪念碑。纪念碑坐落在广场南部，碑长 8 米、高 2.2 米、厚 0.5 米，碑体为花岗石。南北背向，北面正对广场中心，刻有两幅浮雕，反映了新四军北撤时痛歼国民党顽军的战斗场景和南丰人民支持子弟兵的场面；南面的黑色大理石上镌刻了南丰之战纪念碑文。

2009 年，南丰之战纪念地被确定为张家港市首批革命纪念地之一。

◎ 沙洲县抗日民主政府纪念馆

沙洲县抗日民主政府纪念馆位于张家港市冶金园（锦丰镇）沙洲新城一干河东路西侧。

1941年1月，皖南事变爆发。为独立自主地开展敌后抗战工作，苏南东路抗日游击根据地普遍公开地成立抗日民主政府。1941年2月2日，沙洲县抗日民主政府在锦丰店岸曹家仓房成立，县长蔡悲鸿向各界代表致辞。沙洲县抗日民主政府成立后，团结社会各阶层人士，组建"三三制"政权，开展"二五减租"，建立职抗会、青抗会、妇抗会、农抗会、学生会，开创了抗日斗争新局面。

2012年11月，沙洲县抗日民主政府纪念馆正式开馆。纪念馆占地4000平方米，建筑面积1500平方米。馆内设置"中华怒吼""国耻家恨""'江抗'东进""众志成城""浴血奋战""百折不挠""沙洲光复"和名录8个部分，生动展现了沙洲人民在中国共产党的领导下，不畏强暴，浴血奋战，同日本侵略者进行顽强斗争的艰辛历程。

沙洲县抗日民主政府纪念馆先后被公布为江苏省委党校（行政学院）张家港现场教学基地、苏州市"海棠花红"先锋阵地（市级党员教育实境课堂）、"三色花开"青少年教育基地。2022年被公布为苏州市党史教育基地。

沙洲县抗日民主政府纪念馆

◎ 红色新沙洲党史教育展览馆

红色新沙洲党史教育展览馆位于张家港市乐余镇新时代文明实践所二楼。

展览馆占地350余平方米，主展区分为"革命惊雷　播下火种""抗战铁流　驰骋南北""坚持斗争　迎接黎明""红色记忆　燃情岁月""丰碑永存　光照大地"五大篇章，利用声光电、VR（Virtual Reality，虚拟现实）等技术手段，展现了以乐余为代表的新沙洲人民在中国共产党的领导下，历经大革命时期、土地革命时期、抗战时期、解放战争时期，前赴后继、奋斗牺牲的峥嵘岁月；重点展示了"东界港地下交通线""新四军乐余老街巷战"场景和乐余籍战斗英雄展亚平及其他革命烈士的事迹。

红色新沙洲党史教育展览馆被列为苏州市党史学习教育现场教学点位、苏州市"三大法宝"实境教育示范点、张家港市党性教育示范基地、张家港市爱国主义教育基地。2023年被公布为苏州市党史教育基地。

红色新沙洲党史教育展览馆

◎ 永利村党史学习教育沉浸式体验园

永利村党史学习教育沉浸式体验园位于"全国文明村"——张家港市乐余镇永利村四季果蔬园内，面积约2万平方米。

永利村党史学习教育沉浸式体验园

2021年7月，该体验园正式建成开放。基地采用开放式的建筑格局，以"百年党史奋斗篇""档案忆空间'站起来''富起来''强起来'""乡村复兴少年宫"三大板块连贯分布。"百年党史奋斗篇"又分为4个部分，即"开天辟地：中国共产党在新民主主义革命时期完成救国大业""改天换地：中国共产党在社会主义革命和建设时期完成兴国大业""翻天覆地：中国共产党在改革开放和社会主义现代化建设新时期推进富国大业""惊天动地：中国共产党在中国特色社会主义新时代推进并将在本世纪（21世纪）中叶实现强国大业"。"档案忆空间'站起来''富起来''强起来'"中包含美丽乡愁（我们过去的生活）、金色童年（我们小时候）、红色加油站（先锋驿站）、文化氧吧（阅读、未成年人档案展示区）、种植园、老物件展示等体验互动场地。

永利村党史学习教育沉浸式体验园为苏州市党员教育实境基地、张家港市社会科学普及示范基地、张家港市红色旅游点、张家港市爱国主义教育基地等。

◎ 大新抗战历史纪念园

大新抗战历史纪念园位于张家港市大新镇新海坝村滨江湿地公园内。

纪念园占地5300余平方米，2021年9月3日正式开园。园内根据抗战时期大新镇曾设有新四军6师18旅修械所和后方医院第一疗养所的史实，设有抗战雕塑群、抗战历史路、后方医院展示馆、修械所体验馆、初心宣誓墙、"军民鱼水情"步道等，推出"党史学习教育1小时"实景式、沉浸式、自助式、套餐式路线。

大新抗战历史纪念园被公布为张家港市党性教育示范基地、"海棠花红"先锋阵地（党员教育实境课堂）。

大新抗战历史纪念园

常熟市

◎ 浒浦革命烈士纪念塔

浒浦革命烈士纪念塔位于常熟市碧溪街道浒浦大北街文化中心公园内。

浒浦革命烈士纪念塔

1955年3月，浒浦镇政府在浒浦文化广场建浒浦革命烈士纪念塔。1986年4月，迁建现址。塔身正面镌刻"革命烈士永垂不朽"8个金色大字，塔身下方及左、右两侧的贴面花岗石板上镌刻徐政、顾鉴修、茆春华等12位烈士的简介。

◎ 谢桥三烈士墓

谢桥三烈士墓位于常熟市常福街道谢桥社区南青松苑内。

1945年9月,常熟县警卫团与梅福区武工队进攻谢桥伪保安队仲炳炎部据点,战斗中1连指导员刘震和3名战士牺牲,3名战士就地安葬于谢桥镇北市梢、福山塘西。

1957年清明节,谢桥乡重修墓地并立碑,碑名"三烈士墓";1979年因水利工程建设需要,将墓迁移至谢桥集镇北市梢、福山塘东;2006年4月5日,又迁移至谢桥青松苑,与19位谢桥籍烈士、1位大义籍烈士安放在同一区域,组成烈士墓区。墓区内建有烈士纪念碑、烈士墓园等。烈士纪念碑高7.5米,有10多个台阶。

2011年,谢桥三烈士墓被常熟市政府公布为常熟市文物保护单位。

谢桥三烈士墓

◎ 唐绍裘烈士墓

唐绍裘烈士墓

唐绍裘烈士墓位于常熟市碧溪街道安乐园内。

唐绍裘（1918—1941），常熟吴市人。1932年考入太仓师范学校，后离校，至上海杂货店当学徒。1939年，唐绍裘与吴市进步青年组成求知社，积极宣传抗日救国思想，其间担任常熟县青年抗日协会主席。1940年，唐绍裘加入中国共产党，任常熟县人民抗日自卫会执行委员。1940年11月至1941年2月，唐绍裘任中共吴市区委书记，后兼任该区抗日自卫会副主席。1941年2月至7月，唐绍裘先后任吴市区抗日民主政府副区长、吴里区区政督导员。1941年7月，唐绍裘在陆家市附近的马溇里遭敌人包围，突围时牺牲。

唐绍裘烈士墓原位于包唐村，2008年，因包唐村动迁，碧溪镇政府将该墓迁至安乐园。

◎ 吴宗馨烈士墓

吴宗馨烈士墓

吴宗馨烈士墓位于常熟市董浜镇徐市南港桥塊。

吴宗馨（1895—1942），常熟徐市人，爱国民主人士。1937年冬，陈震寰在徐市组建抗日游击队，吴宗馨变卖粮田15亩，携资投身陈部，任该部副官。1939年冬，东路经济委员会和毛柏生等合资建立公私合营的同禾布厂，吴宗馨任公方代表。1940年8月，吴宗馨任常熟县人民抗日自卫会执行委员兼公益科科长，同年秋任常熟县收租委员会主任委员。1941年2月，吴宗馨任常熟县抗日民主政府副县长。1941年7月，因叛徒出卖，吴宗馨在支塘渡船桥被捕，后经多方营救获释。1942年6月，吴宗馨又在徐市被捕，受尽酷刑，牺牲于常熟预和医院。

1989年4月，中共徐市镇党委、镇政府建吴宗馨烈士墓并立碑。

◎ 徐青萍、卢毅等烈士墓

徐青萍、卢毅等烈士墓位于常熟市沙家浜镇苏南村,在唐市市镇南1公里处。

徐青萍(1913—1941),原名徐锡生,常熟唐市人。1939年冬参加抗日工作,次年春加入中国共产党。1940年上半年,在唐市镇抗日民主政权成立大会上,徐锡生表示不怕流血牺牲,要像青萍宝剑那样刺向敌人,因而改名徐青萍。后徐青萍历任唐市镇抗日自卫队队长、苏州县职工抗日协会主席、唐市镇抗日自卫会主席、唐市镇镇长、苏州县各界人民抗日联合会主席等职。1941年7月,徐青萍在库浜开展工作时被捕,不久被敌人杀害于唐市市镇。

革命烈士英名录碑

卢毅(1911—1951),常熟唐市人。1939年加入中国共产党并参加抗日工作,先后任苏州县唐市区人民抗日自卫会主席、区长,苏州县自卫队总队部副总队长等职。1941年7月,卢毅任东横区办事处主任。解放战争时期,卢毅任中共东横区区委副书记。新中国成立后,卢毅先后任唐市区、练塘区区长等职。1951年不幸殉职。

1995年,中共唐市镇党委、镇政府将原在库浜村10组的徐青萍烈士墓迁至现址。该墓地共安葬吕水和、李炳云、卢毅、李阿惠、李寿生、苏华、徐青萍、沈根宝、毛士和、徐永根、李水生11位烈士。

◎ 李强叶落归根处

李强叶落归根处位于常熟市虞山锦峰牛窝潭。

李强叶落归根处

1996年9月29日，李强逝世。遵照其遗愿，中共常熟市委、市政府于1997年4月在虞山建纪念墓碑1座。纪念墓碑坐北朝南，占地面积95.2平方米，用花岗石铺地，碑身高1.82米、宽2米、厚0.9米。碑正中镌刻"李强叶落归根处"7个大字。

◎ 常熟市烈士陵园

常熟市烈士陵园位于常熟市虞山北麓桃源涧下（虞山北路35号）。

常熟市烈士陵园

常熟市烈士陵园由常熟市政府于1984年3月奠基建造，1988年正式开放。陵园占地3.3万余平方米，依山而建，气势雄伟。陵园门楼正面为全国人大常委会原副委员长叶飞题额"浩气长存"，背额为周文在将军题书"功垂青史"。园内有李建模、任天石、薛惠民和环段战斗一百十九烈士、张家浜战斗二十三烈士、洋沟溇战斗二十四烈士等的12座烈士墓及群体墓1座，另有革命烈士纪念碑、革命烈士纪念馆等。其中，革命烈士纪念馆建筑面积535平方米，馆内介绍了各个革命历史时期的1055位烈士的英勇事迹。革命烈士纪念碑高11.7米，正面镌刻"革命烈士永垂不朽"8个大字。

1989年，常熟市烈士陵园被公布为常熟市文物保护单位；2007年被公布为常熟市爱国主义教育基地；2009年被公布为苏州市爱国主义教育基地；2021年入选《江苏省不可移动革命文物名录（第一批）》。

◎ 支塘烈士陵园

支塘烈士陵园位于常熟市支塘镇何市集镇南市梢。

1984年，何市乡政府建成何市烈士陵园，园内安葬端木瑞、钱丕基、李田文等19位何市籍及牺牲在何市的5位外地籍革命烈士。墓地前方设有花岗岩纪念碑，碑高6米，正面镌刻"为国牺牲永垂不朽"8个大字。2019年春，支塘镇政府把境内任阳等地区的单个烈士墓迁至何市烈士陵园，何市烈士陵园更名为"支塘烈士陵园"。

支塘烈士陵园纪念碑

◎ 古里革命烈士陵园

古里革命烈士陵园位于常熟市古里镇陵园路。

1939年7月5日,一股日军窜至古里大、小六泾,与民抗一个中队在河市泾口激战。范金山、王二等10多位战士牺牲。8月下旬,日军再次出动,袭击宿营于官屯坝、朱家湾的江抗,战斗中,江抗有20多位战士牺牲。当地群众将范金山等18位外地籍烈士安葬于古里镇高场村章基临高场段河边。

1966年年初,常熟县古里人民公社重修墓园并立碑,于墓址入口处建门楣及墙一堵。门上端镌"新四军烈士墓"6个大字,门柱书"缅怀先烈业绩,继承未竟事业"楹联,墓碑镌文"抗日战争中,小六泾战役光荣牺牲的范金山等十八烈士墓"。1983年,常熟市民政局重竖碑,镌"范金山等十八烈士墓"。2002年,中共古里镇党委、镇政府将十八烈士墓搬迁,并将季元福、邢永林等32位古里籍烈士统一归葬,建造革命烈士纪念碑和陵园,总占地面积1万平方米。2010年,对烈士陵园进行改扩建,将原籍白茆和淼泉的52位烈士也归葬至陵园内,并在纪念碑边上新建了古里镇革命历史纪念馆,以展示各个历史时期的烈士的事迹。2018年重新布馆,详细介绍了王一沙、戈仰山、范金山等102位革命志士发动群众、依靠群众,艰苦卓绝、浴血奋战的斗争故事。

2007年,十八烈士墓被公布为常熟市文物保护单位;2021年入选《江苏省不可移动革命文物名录(第一批)》。

古里革命烈士陵园

◎ 海虞革命烈士陵园

海虞革命烈士陵园位于常熟市海虞镇周行公墓内。

海虞革命烈士陵园全景

陵园占地800多平方米,由海虞镇政府于2012年10月建成。陵园内安葬安放有张云达、姚崇良、陈永林等64位革命烈士的骨灰或遗物。墓地前方建有花岗岩纪念碑,正面镌刻"革命先烈永垂不朽"8个大字。

◎ 沙家浜革命历史纪念馆

沙家浜革命历史纪念馆位于常熟市沙家浜风景区内。

1939年5月,叶飞率新四军6团,以江抗的名义东进苏南敌后抗日,开辟苏常太抗日游击根据地。10月,江抗主力奉命西撤,数十位新四军伤病员被留在常熟唐市地区(今沙家浜一带)。11月6日,以伤病员为骨干,组建新江抗。新江抗与日伪顽军进行了坚决的斗争,创建了苏南东路抗日

沙家浜革命历史纪念馆全景

游击根据地。20世纪五六十年代,文艺作品沪剧《芦荡火种》和京剧《沙家浜》反映了新江抗及常熟党组织和人民群众的斗争故事,讴歌了军民鱼水情深、共同团结抗日的"沙家浜精神"。

　　沙家浜革命历史纪念馆始于1971年建立的沙家浜革命传统教育陈列室,历经数次异地重建。纪念馆坐北朝南,占地6400平方米,建筑面积4492平方米,与瞻仰广场、沙家浜碑亭位于同一轴线上。馆内主要展示了抗日战争时期沙家浜地区(苏南东路)抗日斗争的历史。2001年,沙家浜革命历史纪念馆被中共中央宣传部授予"全国爱国主义教育示范基地"称号;2005年被公布为全国百家红色旅游经典景区,入选全国30条红色旅游精品线路;2009年被公布为国家国防教育示范基地;2015年,入选《第二批国家级抗战纪念设施、遗址名录》;2017年入选《全国红色旅游经典景区名录》;2021年入选建党百年红色旅游百条精品线路。

◎ 中共常熟县委重建暨常熟人民抗日武装诞生纪念碑

中共常熟县委重建暨常熟人民抗日武装诞生纪念碑位于常熟市梅李镇聚沙园内。

中共常熟县委重建暨常熟人民抗日武装诞生纪念碑

1937年冬,中共江苏省委成立外县工作委员会,加强对上海周边地区抗日武装斗争的领导。1938年春,中共江苏省委先后派杨浩庐、赵伯华到常熟开展工作。同年5月,中共江苏省委决定重建中共常熟县委,李建模任县委书记,杨浩庐、赵伯华任委员。1938年8月,由中共常熟县委直接组织和领导的抗日武装——常熟人民抗日自卫队第一大队在梅李塘桥附近的大周家宅基成立。

1988年9月,中共常熟市委、市政府勒碑纪念,10月纪念碑正式落成。

◎ 最胜庵遗址碑

最胜庵遗址碑位于常熟市碧溪街道吴市中心小学内。

1939年，归松年（归立群）等爱国青年在最胜庵内秘密成立党的外围组织——求知社，后有唐绍裘、杨志鑫（杨子欣）、黄玉佩、杨乃朴、仲国鋆等爱国青年参加。他们在最胜庵的含真阁里学习《论持久战》等文章和论著，印刷各种资料，深入群众宣传抗日救国思想。这些青年有的加入了共产党，有的成了地方各级党的领导，有的为革命牺牲。1940年秋，吴市一带成为抗日民主政府控制区，经地方教育界人士磋商，将分散在农村的学校集中到吴市镇上办学，选址在最胜庵，旨在将学校发展成为一所完全小学。1941年4月，常熟县吴里区抗日民主政府、吴里区抗日常备队在此宣告成立，最胜庵成为常备队活动之地。同年夏秋，最胜庵为日伪所占，设"清乡"指挥部。新中国成立后，最胜庵成为吴市中心小学校址。

因房屋年久失修，最胜庵含真阁倒塌。2000年4月，新港镇政府竖碑纪念，最胜庵遗址碑成为校内爱国主义教育阵地。

最胜庵遗址碑

太仓市

◎ 太仓革命烈士陵园

太仓革命烈士陵园位于太仓市双凤镇庆丰村飞凤路 97 号。

陵园始建于 1982 年,原址位于太仓市城厢镇上海东路 66 号。2003 年,整体迁移至双凤镇凤新村（今庆丰村）盐铁塘东侧。2004 年 3 月底,陵园正式开放,占地 2 万余平方米。陵园由纪念广场、纪念碑、烈士墓、烈士事迹陈列馆等部分组成。走进陵园大门,首先看到的是镌刻有"太仓烈士陵园"6 个大字的花岗岩巨石,后面是可容纳数百人凭吊革命先烈的广场。广场正北为高大的纪念卧碑,卧碑正面镶嵌着由陈毅题写的"革命烈士永垂不朽"8 个大字,背面为中共太仓市委、市政府撰写的《重建太仓革命烈士陵园碑记》。纪念碑后侧的烈士墓区安葬着李灿、周斌、潘新、徐农等 26 位烈士。墓区西北侧为烈士事迹陈列馆,馆内用图片、文字、实物、雕塑等形式重现了 240 位革命烈士的英勇斗争事迹。

太仓革命烈士陵园先后被公布为江苏省重点烈士纪念设施保护单位、江苏省全民国防教育基地、苏州市爱国主义教育基地、苏州市廉洁文化建设示范点、苏州市党史教育基地。

太仓革命烈士陵园内景

◎ 璜泾革命烈士陵园

璜泾革命烈士陵园位于太仓市璜泾镇杨漕村承志路,在太仓第一个党支部纪念馆西侧。

1962年,璜泾人民公社修建璜泾革命烈士墓,将就地安葬的解放璜泾战斗中牺牲的新四军烈士遗骸迁移至革命烈士墓。1983年3月,璜泾人民公社在璜泾医院东侧修建璜泾烈士陵园,将解放璜泾战斗中的新四军烈士和散葬的璜泾籍烈士集中安葬在烈士陵园。1993年,璜泾镇政府在广乐村陈大港畔异地扩建璜泾烈士陵园,增设烈士事迹陈列室。2011年,璜泾镇政府异地重建璜泾革命烈士陵园,位置设于太仓第一个党支部纪念馆西侧,并将原鹿河革命烈士墓及散葬的烈士墓迁移至陵园。

陵园共安葬烈士49位,其中,璜泾籍烈士38位,在解放璜泾战斗中牺牲的外地籍新四军烈士11位。

璜泾革命烈士陵园

◎ 陆渡烈士陵园

陆渡烈士陵园,又名长青烈士陵园,位于太仓市陆渡街道飞沪路崇恩禅寺西侧。

1971年,陆渡人民公社修建陆渡革命烈士墓,建造革命烈士纪念碑。1990年,陆渡乡政府将烈士墓迁移至陆西村官桥组。2003年,又迁移至长青陵园内,并更名为"长青烈士陵园"。陵园内的革命烈士纪念碑主体镶嵌"革命烈士永垂不朽"8个金色大字,纪念碑底部基座镌刻以解放上海战役为主题的浮雕及陆渡镇政府撰写的碑文。

陵园内安葬了在解放上海战役中牺牲的徐农和54位无名烈士。2009年,太仓经济开发区将抗美援朝烈士何月良墓迁移至长青烈士陵园。

陆渡烈士陵园纪念碑

◎ 三家市烈士墓

三家市烈士墓位于太仓市浮桥镇三市村三家市古村落河西 200 米。

1949 年 5 月，中国人民解放军解放上海途经三家市，在此宿营并建野战医院，17 名伤员因伤势过重，牺牲在当地。烈士遗体被安葬于三家市古村落河西 200 米处，三家市烈士墓因而修建。1984 年，老闸乡将抗日战争时期牺牲在老闸的太仓县抗日民主政府财经科科长丁原烈士墓迁移至三家市烈士墓。2008 年，浮桥镇政府重修三家市烈士墓。三家市烈士墓共安葬革命烈士 21 位。

三家市烈士墓

◎ 太仓革命历史陈列馆

太仓革命历史陈列馆位于太仓市娄东街道上海东路100号太仓市博物馆4楼。

太仓革命历史陈列馆展厅

1990年10月,中共太仓县委决定在城厢镇县府西街人民公园(今弇山园)内修建太仓革命历史陈列馆。1991年5月开馆,2006年因白蚁侵蚀闭馆。2011年,新馆对外开放。

新馆展厅面积600平方米,基本陈列分"长夜求索""星火燎原""浴血八年""迎接黎明"4个部分,记录和反映了从1919年五四运动开始到1949年5月太仓解放时,太仓人民在中国共产党的领导下开展的各项斗争。

1995年10月,太仓革命历史陈列馆被公布为首批太仓市爱国主义教育和全民国防教育基地;2011年被公布为苏州市爱国主义教育基地;2022年被公布为苏州市党史教育基地。

◎ 沙溪镇烈士陵园

沙溪镇烈士陵园位于太仓市沙溪镇沙南东路102号。

1991年,中共沙溪镇党委、镇政府修建沙溪镇烈士陵园,安葬在解放上海战役中牺牲的马绍孔、谢木云、胡必和5位无名烈士。1993年,岳王镇政府重建岳王烈士墓园,将牺牲在岳王的12位参加解放上海战役的无名烈士的墓迁至墓园。

2012年,沙溪镇政府修缮并扩建沙溪镇烈士陵园,将岳王烈士墓园中的12位无名烈士墓及散葬的部分沙溪籍烈士墓迁移至陵园内。陵园内共安葬烈士30位,其中,无名烈士17位。

沙溪镇烈士陵园纪念碑

◎ 太仓第一个党支部纪念馆

太仓第一个党支部纪念馆

太仓第一个党支部纪念馆位于太仓市璜泾镇杨漕村15组7号。

1940年4月,谭震林到常熟后,为加强党对太仓工作的领导,派出大批党员干部到太仓开展工作,成立了中共太仓县工委,杨志明任县工委书记。中共太仓县工委在工作基础较好的杨漕乡发展了第一批党员,建立了太仓第一个党支部,徐明德任支部书记。党支部建立后,以开展农民运动为中心,组织建立农抗会、青抗会、妇抗会等各界抗日群众团体,为创建抗日根据地打下了深厚的群众基础。

1992年7月,中共太仓县委、太仓第一个党支部诞生地纪念碑和太仓第一个党支部纪念室落成。2011年,纪念室异地重建,更名为"太仓第一个党支部纪念馆"。纪念馆占地3400多平方米,建筑面积850多平方米,内设展馆、会议室、接待室、多功能报告厅等。

太仓第一个党支部纪念馆先后被公布为苏州市爱国主义教育基地、苏州华侨文化交流基地、苏州市党性教育实训基地、苏州市党史教育基地。

◎ 浏河镇革命烈士陵园

浏河镇革命烈士陵园位于太仓市浏河镇陆长线；浏河镇革命烈士陵园新塘墓区位于浏河镇新塘线东，陵园往北200米。

陵园建于1995年，2010年修缮。陵园内安葬了17位解放上海战役中牺牲的无名烈士和太仓最早的共产党员周奎麟、新四军吴浒太片武工队副队长兼太仓组组长潘新等10位浏河籍烈士。

浏河镇革命烈士陵园新塘墓区，又名新塘烈士陵园，始建于1979年，后浏河镇、新塘镇合并，更名为"浏河镇革命烈士陵园新塘墓区"。2012年3月，浏河镇政府重建新塘墓区。墓区内安葬了解放上海战役中牺牲的刘继光和18位无名烈士，以及陈君毅等5位浏河镇新塘地区的革命烈士。

浏河镇革命烈士陵园纪念碑

◎ 浮桥烈士陵园

浮桥烈士陵园位于太仓市浮桥镇平江路798号。

2012年，浮桥镇将境内浮桥、牌楼、茜泾、九曲等地的纪念设施中的烈士墓及散葬的烈士墓迁移至平江路，修建浮桥烈士陵园。陵园内安葬了牺牲于抗日战争、解放战争、抗美援朝战争和社会主义革命与建设时期的烈士86位；陵园由大门牌楼、纪念碑、纪念广场、烈士墓等组成，纪念碑镌刻"革命烈士永垂不朽"8个大字，碑高10.2米，象征全镇（包括三家市烈士墓）102位革命烈士；纪念广场呈一个巨大的五角星，寓意革命传统代代相传；烈士墓区分四层阶梯，象征着抗日战争、解放战争、抗美援朝战争、社会主义革命和建设4个时期。

浮桥烈士陵园

◎ 于鹤铭烈士雕像

于鹤铭烈士雕像位于太仓市浮桥镇时思小学校园内。

于鹤铭（1918—1941，名应为於鹤铭，现多写为"于鹤铭"），浙江定海人。1940年5月，于鹤铭到太仓时思地区开展抗日工作，他在时思小学建立了太仓第一个少年抗日组织——江南少年抗日先锋队。1941年2月，于鹤铭任太仓县抗日民主政府军事科科长兼三五区区长。同年7月，在常熟被日军逮捕后牺牲。

2018年5月4日，于鹤铭烈士雕像在时思小学落成。

于鹤铭烈士雕像

◎ 太仓县政府、太仓民抗成立大会纪念馆

太仓县政府、太仓民抗成立大会纪念馆位于太仓市璜泾镇雅鹿村唐家宅。

太仓县政府、太仓民抗成立大会纪念馆

雅鹿村唐家宅地处太仓市西北部，北邻长江，西接常熟市，距中共太仓县委成立地杨漕村1.5千米，是中共太仓县委、太仓民抗的主要活动区域之一。1941年2月5日，太仓县政府、太仓民抗成立大会在唐家宅村民赵光家召开。

2019年，雅鹿村党支部委员会、雅鹿村村民委员会在成立大会原址南侧修建太仓县政府、太仓民抗成立大会纪念馆，2021年6月开馆。2023年，纪念馆被公布为苏州市党史教育基地。

昆山市

◎ 锦溪镇革命烈士陵园

锦溪镇革命烈士陵园位于昆山市锦溪镇五保湖东北畔的息园公墓内。

陵园始建于1952年，总占地面积4000平方米，坐北朝南，为江南庭院式院落。陵园四周古木参天，气氛庄严肃穆。人民英雄纪念碑位于陵园的中央，花岗石碑上镌刻着"革命烈士永垂不朽"8个大字，南侧为纪念广场，壁上雕刻着抗日战争、解放战争、抗美援朝战争等不同时期中国人民不屈不挠、英勇斗争的大幅浮雕。纪念碑的北侧为烈士墓区，沿中央道路两侧，分别安放着沈家范、金志明、彭师章、陆文明等20位烈士的墓，他们大多牺牲在抗日战争、解放战争和抗美援朝战争中。墓区的北侧为革命烈士纪念堂。纪念堂占地65平方米，为歇山顶砖木建筑，深红色的门窗和围栏象征着革命先烈的精神永远鲜艳夺目、光彩照人。

锦溪镇革命烈士陵园

◎ 昆山市烈士陵园

昆山市烈士陵园位于昆山市亭林园内。

陵园始建于1956年，面朝青山背环绿水，环境清新而幽静。1992年和2008年，昆山市烈士陵园先后两次经历提升改造，扩建至2100平方米，现划分为碑区、墓区、馆区、绿化广场等区域。

陵园中间是高6.4米的纪念碑，上书"革命烈士永垂不朽"8个大字，碑座平台长7.2米、宽4.8米，四周建有石柱。烈士墓前的石碑上都镌刻着烈士姓名、籍贯和牺牲事迹。陵园内建有烈士墓73座，安葬了226位烈士，其中，有2座是在解放昆山战斗中牺牲的无名烈士墓，1座是牺牲于抗美援朝战争中的32位烈士的集体墓，其余均为单墓。在烈士墓群的旁边是革命烈士事迹陈列馆。陈列馆上书"昆山英烈"4个铜制的大字，由全国人大常委会原副委员长叶飞将军亲书。馆内共展出54位烈士的生前照片和遗物等，门口的烈士英名录墙共收录205位烈士姓名。

1997年，昆山市烈士陵园被公布为昆山市爱国主义教育基地；2014年被公布为苏州市爱国主义教育基地；2023年被公布为苏州市党史教育基地。

昆山市烈士陵园

◎ 中共昆山独立支部纪念碑及昆山市第一中学校史陈列馆

中共昆山独立支部纪念碑及昆山市第一中学校史陈列馆位于昆山市第一中学校园内。

昆山市第一中学校史陈列馆

1990年8月，中共昆山市委在中共昆山独立支部旧址勒石纪念。1999年10月，又修建中共昆山独立支部纪念碑。2004年，昆山市第一中学由震川西路迁往马鞍山中路新校区，是年7月重建纪念碑。2021年，建设中共昆山独立支部纪念室，纪念碑随迁至纪念室。

距纪念碑不远处是昆山市第一中学校史陈列馆。该馆始建于1994年，2004年重建，占地300平方米。它向世人展示了昆山市第一中学自1924年立校以来在不同历史时期的变迁发展，以及学校在新中国成立后特别是改革开放后取得的巨大成就和40多名杰出校友。

2001年，中共昆山独立支部纪念碑及昆山市第一中学校史陈列馆被公布为昆山市爱国主义教育基地。

◎ 七烈士英勇就义纪念碑亭及巴城革命建设史迹陈列室

七烈士英勇就义纪念碑亭及巴城革命建设史迹陈列室位于昆山市巴城镇巴城湖村临湖路上。

1940年,昆北地区的抗日斗争不断发展,先后建立了任石区委、区政府、区常备队,积极开展党的民运工作和武装斗争,这极大地激发了广大群众的抗日热情,打击了日伪势力和土匪活动。1941年2月至5月,任石区委书记张天雄、指导员宋雨农、石牌乡乡长沈祥骥等7人先后被日军逮捕,遭受严刑拷打而坚贞不屈,英勇就义于阳澄湖畔。

1991年6月,巴城镇政府修建七烈士英勇就义纪念碑。2001年6月,巴城革命建设史迹陈列室落成,纪念碑按原样迁移至陈列室西侧重建。

2002年,七烈士英勇就义纪念碑亭及巴城革命建设史迹陈列室被公布为苏州市爱国主义教育基地。

巴城革命建设史迹陈列室

◎ 保国亭

保国亭位于昆山市亭林园内。

1939年12月27日凌晨，位于常熟曹家浜的新四军江抗后方医院遭遇日伪军偷袭，50多名工作人员和伤病员被捕。在被押往昆山的途中，大部分人员机智脱险。新四军伤病员章立、许桂森及6名民运工作人员坚贞不屈，被杀害在马鞍山北麓。

1993年5月，在烈士牺牲的原址建立保国亭。亭子内檐悬挂着书有"保国亭"三字的横匾，为原中共昆嘉县委宣传部部长诸敏所题。2002年，在保国亭前新增纪念碑，纪念碑上刻有8位烈士英勇就义的壮举。

保国亭

◎ 南巷战斗纪念碑及昆南淀山湖抗日游击根据地史迹陈列室

南巷战斗纪念碑及昆南淀山湖抗日游击根据地史迹陈列室位于昆山市淀山湖镇度城村西（南巷村）。

南巷战斗纪念碑

1945年4月15日，在南巷村宿营的新四军淞沪支队黄山部队（原为昆山游击队）遭日军偷袭。队长顾志清和中共昆南工委委员兼指导员徐永坚迅速指挥战斗。战斗中，副队长冯祥生等7人牺牲。

1998年，中共淀山湖镇党委、镇政府建成南巷战斗纪念碑。在纪念碑南，建立昆南淀山湖抗日游击根据地史迹陈列室，占地600平方米，匾额由原新四军淞沪游击纵队政治部主任吕炳奎题写。2021年，陈列室重新装修。

2001年，南巷战斗纪念碑及昆南淀山湖抗日游击根据地史迹陈列室被公布为昆山市爱国主义教育基地；2014年被公布为苏州市爱国主义教育基地。

◎ 陶一球纪念馆

陶一球纪念馆位于昆山市陆家镇夏桥社区卫生服务中心旁。

陶一球纪念馆

陶一球（1905—1973），原名陶杏泉，昆山夏驾桥（今陆家镇夏桥社区）人。1939年8月，在江抗的帮助下，他组建了昆山第一支中国共产党领导下的抗日武装队伍，群众称之为"陶一球部队"。该部队为昆东抗日游击根据地的建立做出了重要贡献，为昆山抗战史留下了不可磨灭的功绩。1940年7月，经江抗东路指挥部司令兼政委谭震林的批准，陶一球成为一名中共特别党员，开始以特殊党员的身份参加抗日斗争。后因叛徒告密，陶一球被捕入狱，在日寇的严刑拷打下，他始终坚守党的秘密。被营救出狱后，他依然不忘初心，继续为党的事业奋斗，直至昆山解放。

2005年，中共陆家镇党委在童泾北路与光夏路交界处，建成陶一球纪念馆。2021年，纪念馆异地重建。新馆占地约2334平方米，建筑面积600余平方米。

2005年，陶一球纪念馆被公布为苏州市爱国主义教育基地。

◎ 周达明烈士纪念馆及新四军淞沪抗日史迹陈列馆

周达明烈士纪念馆及新四军淞沪抗日史迹陈列馆位于昆山市千灯镇歇马桥村。

周达明（1914—1941），原名周和康，浙江上虞人。1937年，根据党组织的安排，周达明奔赴延安，进入抗日军事政治大学学习，加入中国共产党，后到新四军任职。1939年5月，周达明任江抗总指挥部参谋。1940年5月，江抗第三支队成立，周达明任参谋长。同年7月，中共昆嘉青中心县委成立，周达明任军事部部长。同年10月，中共淞沪中心县委成立，周达明任新四军淞沪游击纵队参谋长。他率部在昆山、青浦、浦东、吴江一带作战，成功开辟了昆南淀山湖抗日游击根据地。1941年4月，周达明率部转战到青浦谢石关村时，遭到国民党忠义救国军1000多人包围，壮烈牺牲。

周达明烈士纪念馆及新四军淞沪抗日史迹陈列馆

2015年9月，两馆正式开馆，占地100余平方米，分上、下两层。第一展馆名为"永恒的记忆"，重点展示了新四军淞沪（千灯）抗日游击区军民抗日的全过程；第二展馆名为"留在记忆中的光辉形象"，集中展示了新四军淞沪游击纵队参谋长周达明烈士在新四军淞沪（千灯）抗日游击区率部英勇抗敌、光荣牺牲的事迹。

2021年，周达明烈士纪念馆及新四军淞沪抗日史迹陈列馆被公布为苏州市爱国主义教育基地。

苏州市区

◎ 五卅路纪念碑

五卅路纪念碑位于姑苏区五卅路与民治路路口。

1925年5月30日，帝国主义在上海制造了震惊中外的五卅惨案。在中国共产党的领导下，苏州人民迅速投入大规模的反帝爱国运动中。苏州成立了苏州各界联合会，统一领导全市的声援活动。自1925年6月1日至6月30日，苏州掀起了四次声援高潮，痛斥帝国主义的暴行。五卅运动中上海工人罢工数月，生活困难，苏

五卅路纪念碑

州人民积极开展募捐活动，支援上海工人。为纪念这一历史事件，经苏州各界联合会讨论决定，将公共体育场旁的马军弄（南起十梓街，北至言桥）拓宽成大路，取名"五卅路"。1926年5月30日，苏州各界联合会在公共体育场门前言桥堍筑起两方五卅路纪念界石。

1985年5月，苏州市政府在纪念五卅运动60周年之际，将五卅路纪念界石移至五卅路与民治路交界处，并镌刻"五卅路纪念碑"以永志纪念。

◎ 东吴大学学生运动纪念碑

东吴大学学生运动纪念碑坐落于苏州大学校本部东侧小河边的老城墙脚下。

1945年9月至1949年5月,东吴大学学生为了国家的前途和命运,在中共地下党组织的领导下,进行了反饥饿、反内战、反独裁及反帝国主义暴行的爱国民主运动,迎来了新中国的诞生,史称"东吴学生'四反'斗争"。

纪念碑由苏州大学于1995年5月25日立。揭碑仪式当天,原东吴大学地下党组织的秦和鸣、章腾文、俞仁良、诸汉文、廖素青等10余位老同志,校领导周炳秋、徐惠德、宋锦汶,以及东吴校友总会会长张梦白教授和近百名师生参加。苏州大学老校友秦和鸣、俞仁良为纪念碑揭碑。

1995年5月25日苏州大学老校友为纪念碑揭碑

◎ 苏州烈士陵园

苏州烈士陵园位于高新区横山西麓，原名苏州横山烈士陵园，建于1956年4月，2000年全面改建，2002年更名。苏州烈士陵园占地约9.37万平方米，建筑面积1838平方米，绿化面积7万多平方米。

陵园分纪念瞻仰区和烈士安息区两个区。纪念瞻仰区位于陵园中心位置，采用主轴线对称布局。轴线长约160米，由西向东依地貌呈阶梯形，相应建筑依次为大门、牌坊、烈士事迹陈列馆、烈士陵园电教馆、悼念广场、纪念碑。纪念碑呈四棱塔式，高27米，寓意1949年4月27日苏州解放日，碑上镌刻着陈毅元帅为烈士陵园题的词"为人民事业而牺牲是最光荣的"，碑底柱正面和两侧各刻有一幅浮雕，画面分别为"百万雄师过大江""烽火沙家浜""铁铃关大捷"，背面是中共苏州市委、市政府重建陵园的纪念碑文。陈列馆为二层仿唐建筑，展览分"星火燎原""浴血奋战""迎接曙光""艰难探索""新的征程"5个部分，展出了不同时期牺牲的86位烈士的照片、书信、遗物等。悼念广场占地1000平方米，可容千人凭吊。烈士安息区位于纪念瞻仰区北侧，由烈士墓群和烈士骨灰堂组成，烈士墓群分三坛五区，安葬了258位烈士的遗骸；烈士骨灰堂安放了52位烈士的骨灰。

苏州烈士陵园为江苏省爱国主义教育基地、江苏省党史教育基地、江苏省重点烈士纪念建筑物保护单位、苏州市文物保护单位、苏州市爱国主义教育基地、苏州市党史教育基地。2021年，苏州烈士陵园入选《江苏省不可移动革命文物名录（第一批）》。

苏州烈士陵园纪念碑

◎ 何山烈士陵园

何山烈士陵园位于高新区枫桥街道长江路461号何山公园内。

陵园始建于1949年4月，1999年改建，2021年6月进行局部修葺。改建后的陵园地处何山公园半山腰朝南，占地170平方米，分纪念墓碑和书画长廊两部分。纪念碑位于园区正中位置，碑上镌刻"革命烈士之墓"6个大字，背面由中国人民解放军第三野战军第十兵团29军85师254团原参谋长杨清为烈士题字"继承革命先烈遗愿 弘扬爱国主义精神"。纪念碑左、右两侧各有2块墓碑，左侧是烈士王阿多（1920—1945，苏浙军区太湖县总队阳山区大队战士）、烈士杨根木（1939—1963，中国人民解放军上士班长）的墓碑，右侧是烈士周炳兴（1918—1947，吴县木渎区政府办事员）、烈士徐根木（1912—1945，苏浙军区太湖县总队阳山区大队战士）的墓碑。主干道两侧有3块石碑，分别刻有"党史学习教育基地""爱国主义教育基地"等字样，以及枫桥街道烈士英名录，其上刻录着枫桥辖区24位烈士的名字。

2022年，何山烈士陵园被公布为苏州市党史教育基地。

何山烈士陵园墓碑

◎ 震泽烈士陵园

震泽烈士陵园位于吴江区震泽镇震泽公园内。

陵园始建于1956年,1976年重修并建围墙。2003年10月,陵园从原址南迁至震泽公园西南部,占地约700平方米,由烈士事迹陈列室、祭扫广场、墓道、墓室四部分组成,主体建筑全部采用花岗石修建,庄严肃穆、气势恢宏。烈士事迹陈列室收集了较多的文字、图片和声像资料,内容丰富。

震泽烈士陵园

◎ 吴中区烈士陵园

吴中区烈士陵园位于吴中区光福镇卧龙山麓官山岭。

陵园前身为1959年4月建成的吴县烈士墓。2001年,吴县市撤市设区,陵园更名为"吴中区烈士陵园"。经多次扩建、整修,总占地面积1.7万平方米。烈士陵园广场中央矗立着高16米的花岗岩纪念碑,纪念碑底座上的3块浮雕展示了不同革命时期先烈们可歌可泣的英雄壮举,碑身镌刻着"革命英雄永垂不朽"8个大字。广场左侧是陈列室,展示了不同革命时期部分烈士的事迹和革命文物。陈列室内还记录了烈士英名,并提供了信息查询、网上祭扫等服务。后面是松柏常青的山坡,其上安葬着419位为了祖国解放事业和建设事业牺牲的革命先烈。

吴中区烈士陵园为苏州市文物保护单位,2009年被评为苏州市爱国主义教育基地,2021年入选《江苏省不可移动革命文物名录(第一批)》,2022年被评为苏州市党史教育基地。

吴中区烈士陵园纪念碑

◎ 学雷锋纪念碑

学雷锋纪念碑位于姑苏区五卅路与环体路交界处的花坛内。

1963年3月5日,《人民日报》发表毛泽东"向雷锋同志学习"的题词,此后,以雷锋为学习榜样的大规模群众运动在全国范围内迅速开展起来。各市委、地委按照中央和省委的统一部署,广泛宣传雷锋的模范事迹,用雷锋的先进思想和英雄形象教育人民群众,极大地激发了干部群众在克服困难和挫折中建设社会主义的积极性,推动了全社会良好道德风尚的形成。

该纪念碑刻有"响应毛主席号召,向雷锋同志学习"的字样,石碑边缘刻有"吴县枫桥公社木乔大队全体团员青年。六三、三、十日"的字样。

学雷锋纪念碑

◎ 镇湖街道烈士陵园

镇湖街道烈士陵园

镇湖街道烈士陵园位于高新区镇湖街道万佛寺路与环太湖大道交叉口东北处。

陵园始建于1974年3月，1989年1月重建，后分别于2012年、2015年和2020年进行过三次改建修缮，占地733平方米，由南向北依地貌呈阶梯形。园区有烈士安息区、新四军太湖游击队展示馆、党史文化展板、党员宣誓墙及镇湖街道党建活动风采栏等主体建筑。烈士安息区前竖立有革命烈士纪念碑，上有原无锡县县长薛永辉题词的"革命烈士永垂不朽"8个大字。左侧有太湖游击队历史简介纪念碑陵，右侧有革命烈士英名录石碑和杨洪才题词纪念碑。杨洪才题词纪念碑上刻有"继承先烈遗志，团结建设西华，发扬革命传统，立志振兴中华"字样。在革命烈士英名录石碑旁，还有一块烈士英名录碑墙，碑墙上完整地刻录了在高新区内的不同革命时期牺牲的161位烈士的名字。烈士安息区四周环绕英烈事迹介绍展板，其中心区由52位镇湖籍烈士及周边地区（东渚籍2位、通安籍2位、光福籍1位、浒关籍1位）烈士墓群组成。后方围墙上有一面以新四军战斗场景为主题的铜板雕塑。新四军太湖游击队展示馆集烈士事迹展览室和党群服务中心等多功能于一体，围绕"共御外侮""艰苦卓绝""全面反攻"等主题布展，重点介绍了镇湖历史文化及太湖游击队的英勇事迹。

2015年，镇湖街道烈士陵园被公布为苏州市爱国主义教育基地；2018年被评为苏州市中小学生综合素质发展活动基地；2023年被公布为苏州市党史教育基地。

◎ 夏再生烈士纪念碑

夏再生烈士纪念碑位于吴江区松陵街道吴模村。

夏再生（1923—1945），原名顾关通，吴江吴模村人，中共党员。1940年2月，顾关通参加吴江县抗日青年工作团，出版《正义》刊物。1942年夏秋间，顾关通因发动湖梅、施庞等4个乡的农民减租抗租，被关押两个多月。1944年7月，他进入苏中解放区，改名夏再生。1945年3月，夏再生随粟裕部队南下，在杭嘉湖地区的农村开展群众工作。同年7月，夏再生被日伪军包围，牺牲于浙江湖州菱湖，年仅22岁。

新中国成立后，家乡人民为纪念顾关通（夏再生），将他的出生地划船港改名关通村。1985年，在关通村建立纪念碑，时任江苏省副省长的管文蔚亲笔题写"夏再生烈士纪念碑"。

夏再生烈士纪念碑

◎ 三野四烈士陵园

三野四烈士陵园位于吴江区平望镇莺湖公园内。

1949年5月3日,平望解放。8日,中国人民解放军第三野战军夜宿平望,遭国民党军队的飞机偷袭,4名战士牺牲。因为急于行军,部队将牺牲的战士交由刚成立的平望镇政府进行安葬,由于不知其姓名,镇政府便将牺牲战士安葬在王家坟,并命名为"三野四烈士墓"。

1985年,三野四烈士墓被迁至莺湖公园对面,并被扩建为革命陵园。2003年,又被迁入莺湖公园,与新世纪文化广场合为一体。陵园南侧为广场,置陵园简介石碑1块;北侧设160平方米的祭台1座,基高0.8米,东、南、西侧各有5级台阶,祭台下面是墓穴,上面是签台式墓碑,墓碑以北建有长10.3米、高2.2米的花岗石浮雕。陵园四周植有苍松翠柏,显庄严肃穆。

三野四烈士陵园内的签台式墓碑

◎ 澄阳街道烈士墓园

澄阳街道烈士墓园位于相城经济开发区依福园路北、蠡塘河边,原为蠡口烈士墓园。

墓园占地100余平方米,建成于1985年,其内安葬了牺牲于抗日战争时期的洛斐、江影、梁瑾瑜3位烈士。

洛斐(1916—1941),江苏金坛人。1936年,洛斐组织反帝反封建的"火花"读书会,参加上海职业界救国会,遭国民党当局逮捕入狱。

澄阳街道烈士墓园内的3座烈士墓

1939年出狱后,洛斐受上海党组织派遣来苏州、无锡地区开展抗日斗争,任江抗第四支队地方武装的连指导员,负责今相城区北桥一带地下党的组织、领导工作。1941年年初,洛斐任漕东区(今北桥地区)区委书记兼区长。4月22日,在蠡口乡寺前村被顽军杨筱南部杀害。

江影(1924—1941),原名谢璇英,祖籍浙江上虞。1937年淞沪会战中,她组织同学赴四行仓库,慰问坚守阵地的谢晋元部。1940年10月,谢璇英改名江影,奔赴苏常太抗日游击根据地,参加漕南地区乡村抗日民主政权的建设工作,是新四军漕东区民运工作队队员。1941年4月22日,江影在蠡口乡寺前村被顽军杨筱南部杀害。

梁瑾瑜(1920—1941),出生于上海的一个回族阿訇家庭。1937年加入中国共产党,并组织成立上海大新公司第一个党支部,任支部书记。1939年3月,梁瑾瑜受中共江苏省委派遣,到苏常太抗日游击根据地,任苏常特委沈巷(今渭塘、阳澄湖镇一带)交通站负责人,建立苏州县辛(庄)莫(城)区的抗日政权,并任区委书记兼区长。1941年6月,梁瑾瑜被顽军胡肇汉部杀害。

◎ 甪直革命烈士纪念碑

甪直革命烈士纪念碑位于吴中区甪直镇迎宾西路南侧甪直陵园内。

纪念碑建于1990年，高3.6米，碑体为花岗石，碑上镌刻着"革命烈士永垂不朽"8个大字。纪念碑两侧安葬着6位革命烈士。园内建有烈士事迹陈列室，其内记录了13位革命烈士的生平事迹。

甪直革命烈士纪念碑

◎ 洋澄县政府纪念碑

洋澄县政府纪念碑位于相城区阳澄湖镇消泾村消泾老街北侧。

洋澄县政府纪念碑

1938年秋，中共苏常太工委抽调一批干部组成工作队，在新四军的配合下，深入阳澄湖地区创建抗日民主政权。1941年3月，中共洋澄县工作委员会成立，同时洋澄县政府建立，县长陈鹤。洋澄县下辖消陆、辛莫、巴城等4个区，并配有数十人的县区常备队。同年7月，日伪倾重兵发动残酷"清乡"，洋澄县各级组织均遭到严重破坏，陈鹤被投顽反共的胡肇汉杀害。

1991年6月，中共吴县县委建立纪念碑，该碑用花岗石砌成，由平台、底座、碑身三部分组成，坐东面西。碑身下方正面镌刻着"洋澄县政府纪念碑"碑名，背面刻着的碑文概述了原洋澄县政权的建立过程，以及抗日战争时期阳澄湖地区军民在中国共产党的领导下与日本侵略者、汪伪汉奸和以胡肇汉为代表的反共顽固势力进行不屈不挠斗争的历程。碑身顶端安放着石雕火炬。纪念碑保护范围728平方米，2024年改建为广场，并新建陈鹤铜像。

◎ 张家浜战斗纪念碑

张家浜战斗纪念碑位于相城区阳澄湖镇十图村张家浜自然村。

1940年12月12日,江抗东路指挥部司令兼政委谭震林、副司令何克希率江抗第一、二支队进入阳澄湖畔,在吴县湘城附近的东、西张家浜宿营时,被已投顽反共的胡肇汉密报日军。13日下午,日军出动80多人,分乘3艘汽艇,向江抗第二支队驻地——西张家浜发动突然袭击。江抗奋起反击,激战至天黑,毙伤日军40多人。江抗有19名战士英勇牺牲。张家浜群众拼死支援江抗、掩护部队转移,也有4人牺牲。

1991年,中共吴县县委、县政府立"张家浜战斗纪念碑"。碑由花岗石筑成,坐北朝南,占地60平方米,保护范围294平方米,正面镌刻碑名,上端雕刻新四军战士石像,背面的碑文则概述了战斗经过。

张家浜战斗纪念碑

◎ 苏州革命博物馆

苏州革命博物馆位于姑苏区三香路1216号。

该馆于1993年建成开馆，占地1万平方米，主体建筑占地7000平方米，展出区面积4000平方米。馆体外观古朴庄重，具有浓郁的地方特色和鲜明的"革命"特征。苏州革命博物馆的基本陈列有两项：一是基本陈列"光辉的历程——中国共产党在苏州"，通过4个展厅的介绍，借助历史照片、文字和革命文物等，系统讲述在中国共产党的领导下，苏州人民走过的百年历程；二是大型多媒体半景画演示项目"阳澄烽火"，借助声光电等演示手段与1000平方米的巨型油画、500平方米的场景模型完美结合，细致还原了发生在抗日战争时期阳澄湖地区的洋沟溇战斗。

此外，苏州革命博物馆还有东、西两个机动展厅，根据主题宣传任务与观众的需要不断举办反映时代风尚、观众喜闻乐见的临时性展览。

苏州革命博物馆是江苏省爱国主义教育基地、江苏省党史教育基地、江苏省社会科学普及示范基地、江苏省国防教育基地、江苏省青少年科技教育示范基地、江苏省党员教育实境课堂示范点、江苏省文明单位。

苏州革命博物馆

◎ 金瑞生烈士纪念广场

金瑞生烈士纪念广场位于虎丘湿地公园西塘河路西侧广场。

金瑞生（1913—1946），黄桥方浜村人，曾任新四军苏西北武工队队长。1942年，金瑞生加入中国共产党，投身革命工作。1946年1月12日，金瑞生和指导员李觉、队员杨阿考夜宿虎丘梅林庙，但遭告密，于次日凌晨被国民党黄桥保安队包围。激战中，金瑞生中弹牺牲，李觉、杨阿考被捕，后被营救出狱。

1995年7月，苏州市郊区政府、虎丘乡政府在梅林庙旧址勒石立碑纪念英烈金瑞生，并将纪念碑列为区爱国主义教育基地。2021年6月，在纪念碑处修建了金瑞生烈士纪念广场，并新增红色导览区、红色瞻仰区、红色步道区、红色课堂区等，打造沉浸式红色教育体验广场。

金瑞生烈士纪念广场

◎ 殷启辉烈士墓

殷启辉烈士墓位于高新区枫桥街道天平山北支英南山。

殷启辉烈士墓

殷启辉（1926—1952），江苏苏州人。1946年，加入中国共产党。1947年10月，殷启辉受中共党组织委派，前往台湾地区从事地下工作。1951年7月，因叛徒出卖被捕。同年8月8日，殷启辉英勇就义。

1995年，苏州市政府在位于枫桥街道辖区的天平山北支英南山为殷启辉烈士竖碑，纪念碑上雕刻着"殷启辉烈士永垂不朽"9个字，整个墓区庄严肃穆、环境静谧。

◎ 夜袭浒墅关纪念碑

夜袭浒墅关纪念碑位于高新区浒墅关镇浒墅关火车站内。

抗日战争时期，浒墅关是沪宁铁路和京杭大运河的关隘，距苏州城20余里。浒墅关火车站驻有日军警备队30余人。江抗总指挥部决定夜袭浒墅关火车站。

1939年6月24日夜，江抗部队从无锡梅村出发，首先袭击吴县东桥镇伪警所，再兵分两路，一路直插浒墅关，另一路攻击黄埭伪军，实施"打黄援浒"策略。担任主攻的江抗二路部队深夜抵近浒墅关，对戒备松懈的日军发起突袭。经过半小时激战，毙伤日军警备队队长等20余人，烧毁营房2座，炸毁铁路道轨100余米，迫使沪宁线中断3天。浒墅关战斗的胜利，扩大了江抗的影响，树立了广大人民群众的抗日信心。

1995年9月5日，苏州市浒墅关镇政府、上海铁路分局苏州车务段建成夜袭浒墅关纪念碑。2014年，夜袭浒墅关纪念碑被中国人民解放军苏州军分区政治部授牌为教育实践基地；2022年被列入江苏省第二批100个红色地名名单。

夜袭浒墅关纪念碑

郭巷革命烈士纪念碑

◎ 郭巷革命烈士纪念碑

郭巷革命烈士纪念碑位于吴中区郭巷街道吴淞陵园。

纪念碑建成于1997年，2022年修缮，碑体为花岗石，高3.6米、宽0.9米，碑上镌刻着"革命烈士永垂不朽"8个大字。纪念碑西南侧有烈士纪念墙，其上刻着16位革命烈士的生平事迹。

黄桥烈士陵园

◎ 黄桥烈士陵园

黄桥烈士陵园位于相城区黄桥街道生田村金山静园内。

1999年3月,黄桥烈士陵园在方浜村(原旺更村)建成,2007年被迁至生田村金山静园内,占地100多平方米。陵园内立有2米高的烈士纪念碑,以纪念金瑞生、苏火生等18位烈士。

◎ 胡绳墓

胡绳墓位于吴中区横泾街道横泾公墓锦绣墓区。

胡绳(1918—2000),原名项志逖,笔名蒲韧、卜人、李念青等,祖籍安徽歙县,籍贯浙江钱塘,出生江苏苏州,中国著名的哲学家、近代史学家。1933年,胡绳在苏州中学组织爱国进步团体"紫蓳社",宣传革命思想。1935年9月,胡绳在上海参加革命,1938年1月加入中国共产党,长期从事革命文化和统一战线工作。新中国成立后,胡绳历任政务院出版总署党组书记,中共中央宣传部秘书长,中央政治研究室副主任、主任兼《红旗》杂志社副总编辑等职。十一届三中全会后,胡绳历任中共中央毛泽东主席著作编辑出版委员会办公室副主任、中共中央党史研究室副主任兼中共中央文献研究室副主任、中共中央党史研究室主任、中国社会科学院院长等职,是中共第八、十、十一、十三、十四、十五大代表,第十二届中央委员,第一至三届全国人大代表,第四、五届全国人大常委会委员,第七、八届全国政协副主席。

胡绳墓

2000年11月5日,胡绳因病在北京逝世。2002年,其骨灰被安葬于横泾公墓。黑色的大理石墓台上耸立着一块巨大的墓碑,上面雕刻着1985年9月胡绳的手迹"恨已读之书太少,惟求知之心日增"。墓碑下面是翻开的书形石雕,书的两面分别雕刻着胡绳及其夫人吴全衡的名字和生卒年月。整个墓区庄严大气、环境优美。

◎ 新四军太湖游击支队纪念馆

新四军太湖游击支队纪念馆位于吴中区光福镇冲山村北村。

新四军太湖游击支队纪念馆

纪念馆总占地面积约1.8万平方米，主体建筑占地近2000平方米，2009年9月建成开馆，2023年进行全面数字化升级改造。纪念馆展示了全面抗战时期中国共产党领导的太湖游击队坚守在太湖抗日根据地和苏西游击区，军民一心团结抗敌的历史画卷，展现了解放战争时期太湖人民坚持斗争、不畏牺牲，为迎接解放做出重要贡献的革命历程。

新四军太湖游击支队纪念馆为江苏省党员教育实境课堂示范点、江苏省党史教育基地、苏州市爱国主义教育基地、苏州市爱国主义教育示范基地、苏州市党史教育基地。

◎ 盛泽烈士陵园

盛泽烈士陵园位于吴江区盛泽镇舜新南路1933号目澜洲公园内。

盛泽烈士陵园

陵园始建于2010年,占地600多平方米,有10个烈士墓位。自2011年3月开始,盛泽镇陆续将散葬烈士遗骸统一安葬在烈士陵园。目前,陵园内已有6位烈士立有墓碑,分别是寿鸿烈士、张梓枬烈士、潘天扬烈士、张根荣烈士、张海林烈士和陈志方烈士;2位烈士无墓碑,但有事迹介绍,分别是沈文潮烈士和俞清志烈士。

◎ 吴江烈士陵园

吴江烈士陵园位于吴江区黎里镇厍星路188号。

2011年，陵园在原张应春烈士陵园的基础上全面改扩建而成，总占地面积9963平方米。陵园主体建筑呈东西布局，自西向东分别是悼念广场、吴江烈士纪念碑、英烈墙、张应春烈士墓和草坪墓区。主体建筑的南侧为吴江烈士纪念馆和张应春烈士纪念馆，北侧为石桥、游廊和凉亭景观。陵园内遍植香樟、水杉、翠柏等树木，庄严肃穆。悼念广场占地1000平方米，可容纳千人凭吊。吴江烈士纪念碑由四棱形花岗石构成，碑高11米，碑基有11级台阶，象征着吴江烈士纪念碑于2011年11月建成，纪念碑正面书有"革命烈士永垂不朽"8个大字。英烈墙上铭刻着154位在不同时期英勇牺牲的烈士英名。

1995年，吴江烈士陵园被公布为江苏省文物保护单位、苏州市爱国主义教育基地；2022年被公布为苏州市党史教育基地；2023年入选《苏州市第二批红色地名名录》。

吴江烈士陵园

◎ 淑英广场

淑英广场位于姑苏区景德路 403 号苏州市学士中心小学校内。

倪淑英（1916—1943），又名宋维，苏州吴江人。1928—1934 年，在江苏省立苏州女子师范学校读书期间，接受进步思想，毕业后任教于当时的吴县县立新闾小学（今苏州市学士中心小学校），走上为民族独立、人民解放而斗争的革命道路。1938 年三四月间，倪淑英到达延安。1939 年年底，倪淑英深入晋察冀抗日根据地工作，先后担任冀中公安局和晋察冀边区公安局秘书副主任、机要秘书、秘书主任等职。1943 年 10 月，在河北保定涞源县的桦木沟突围战中，为掩护部队和群众转移，以身殉职，年仅 27 岁。当时，倪淑英已怀有身孕 7 月余。

2011 年，苏州市学士中心小学校设立淑英广场，2015 年改建修缮。广场占地 130 平方米，中央矗立着倪淑英烈士半身像，塑像高 1.2 米，座壁介绍倪淑英烈士生平，整个烈士半身像被绿色灌木围绕。

少先队员在倪淑英烈士半身像前倾听英雄故事

◎ 相城区烈士纪念馆

相城区烈士纪念馆位于相城区寿元路1号。

该馆占地约1.08万平方米，建筑面积1050平方米，2012年建成开放。馆内共分烈士事迹展示厅、烈士纪念堂和烈士纪念广场3个区域。烈士事迹展示厅，建筑面积240平方米，展示了20多位革命烈士的生平事迹；烈士纪念堂，建筑面积540平方米，是革命烈士的安息区，堂内安放着141位革命烈士的骨灰（衣冠冢）；烈士纪念广场，占地1500平方米，广场上耸立着一座高9米的"民魂"雕塑。

该馆是苏州市爱国主义教育基地、苏州市党史教育基地。

相城区烈士纪念馆

◎ 中共吴江党史资料陈列馆

中共吴江党史资料陈列馆位于吴江区中山南路1979号。

中共吴江党史资料陈列馆

该馆于2015年6月开馆，展陈以"在路上"为主题，共分为"烽火岁月　迎来曙光""探索前行　豪情满怀""改革开放　富民强市""科学转型　再创辉煌""中流砥柱　时代先锋"五大篇章。展览以图片和实物相结合的形式全面展示了中国共产党带领吴江人民为新中国的成立和全面建设所进行的伟大革命、伟大探索和伟大实践，是对党员、广大群众和青少年进行爱国主义教育的现实课堂。

◎ 姑苏区党史陈列展示馆暨姑苏区历史文化陈列展示馆

姑苏区党史陈列展示馆暨姑苏区历史文化陈列展示馆位于姑苏区江乾路 115 号姑苏区档案馆内。

2016 年 5 月,姑苏区历史文化陈列展示馆开馆。2018 年 6 月,提升改造为姑苏区党史陈列展示馆暨姑苏区历史文化陈列展示馆。展馆总面积 860 平方米,包括 4 个展厅和理想信念空间,综合展示了姑苏区的政治、经济、文化和社会的历史发展变化。党史陈列展示分 4 个篇章:1919—1949 年,姑苏人民在党的领导下开展新民主主义革命并取得伟大胜利的奋斗历程;1949—1978 年,姑苏人民在党的领导下建立社会主义基本制度、开创社会主义道路的艰辛探索;1978—2012 年,姑苏人民在党的基本路线的指引下,以经济建设为中心,坚持四项基本原则,坚持改革开放,掀起建设中国特色社会主义事业的新高潮;2012 年姑苏区成立以来取得的一系列成就。历史文化陈列展示分 3 个篇章:历史姑苏、姑苏印记、人文姑苏。

姑苏区党史陈列展示馆暨姑苏区历史文化陈列展示馆现为苏州市党史教育基地、苏州市社科普及示范基地。

姑苏区党史陈列展示馆暨姑苏区历史文化陈列展示馆

◎ 苏州大学英烈生平事迹展览馆

苏州大学英烈生平事迹展览馆位于苏州大学天赐庄校区（苏州市十梓街1号）博物馆一楼。

苏州大学英烈生平事迹展览馆

2018年6月29日，全国高校中首家以本校党员英烈生平事迹为主题的展览馆在苏州大学建成开放。展览以"初心不改 浩气长存"为主题，以图文形式全景展示了目前已知的自20世纪20年代至90年代牺牲的23位党员英烈的生平事迹，以视频形式展示了曾就读于东吴大学（苏州大学主要前身院校之一）的党员烈士丁香坚贞不渝的革命信仰和她与丈夫乐于泓的感人事迹。23位英烈曾就读或工作于东吴大学、无锡国学专修学校、江苏省立教育学院、国立社会教育学院等苏州大学的前身院校。他们大部分出生于苏州、无锡等江苏省内地区，也有的来自四川、浙江、山东、安徽等省份，牺牲时年龄最小的只有22岁，牺牲者的平均年龄也才不到28岁。苏州大学党员英烈们先后参与了北伐战争、土地革命战争、抗日战争、解放战争、改革开放和社会主义现代化建设等伟大的革命斗争和建设事业。

2018年7月，苏州大学英烈生平事迹展览馆被公布为苏州"海棠花红"先锋阵地。

吴江党史馆

◎ 吴江党史馆

吴江党史馆位于吴江区桃源镇铜罗社区胜利街 21 号。

该馆原址为严墓党史纪念馆，占地 1500 平方米，其中，展陈面积 600 平方米。全馆选用 200 余张照片、30 件实物及 5 个艺术场景模型，生动再现了新民主主义革命时期中国共产党领导吴江人民浴血奋战、前赴后继的光辉历史。展馆布局为 3 个展厅、4 个院落。展馆的序厅、第一展厅和第二展厅供游览现场参观学习。同时，有一间可容纳 50 人的会议室，可用于开展红色课堂讲座、红色故事宣讲、社科普及活动等。另有 3 间预备厅，可用于开展学术交流、现场教学等活动。

2022 年，吴江党史馆被公布为苏州市党史教育基地。

苏州市光华中学红色校史展示馆

◎ 苏州市光华中学红色校史展示馆

苏州市光华中学红色校史展示馆位于姑苏区久福里7号苏州市光华中学本部校园内。

该馆建成于2022年8月,建筑面积73平方米,分"红色火种点燃光华""红色浪潮在光华校园里掀起""校园中的红色据点""光华革命前辈英名录"4个部分。

学校创办于1946年,前身是吴县私立光华中学。办学初期,中共地下党员徐懋德、范文贤等以教员身份为掩护从事革命工作。1947年5月,中共苏州学委在光华中学成立,领导苏州各学校的进步师生开展一系列的学生运动和革命斗争,为迎接苏州解放发挥了重要作用。

2023年,苏州市光华中学红色校史展示馆被公布为苏州市党史教育基地。

◎ 洋沟溇战斗纪念碑

洋沟溇战斗纪念碑位于相城区阳澄湖镇洋沟溇村。

1940年2月8日（农历大年初一）上午10时左右，从昆山及巴城来的70多名日军和七八名伪军偷袭洋沟溇。江抗东路司令部司令夏光、副司令杨浩庐指挥战斗。战斗持续到傍晚，毙伤20多名日伪军，新江抗1连指导员褚学潜、副连长曹德清等17人牺牲。洋沟溇战斗粉碎了日伪军企图消灭东路抗战力量和指挥机关的阴谋，新江抗经受了战斗的严峻考验，初步取得了在水网地区作战的经验。新四军英勇抗战的行动在群众中产生了巨大影响。

2020年10月，苏州市阳澄湖生态休闲旅游度假区管委会在战斗遗址设立花岗岩纪念碑，宽1.2米、高0.83米。

洋沟溇战斗纪念碑

◎ "星火耀湘小"红色教育基地

"星火耀湘小"红色教育基地位于相城区沈周路28号湘城小学内。

"星火耀湘小"红色教育基地

张晨曦(1916—1940),出生于湘城,1939年加入中国共产党。他在担任湘城小学校长期间,创办群众夜校,成立湘城青年抗日协会,并担任会长。1940年5月,张晨曦被捕牺牲,时年24岁。

该基地分为百年湘小、党建先锋、烽火阳澄、致敬偶像、畅想未来、星光舞台、党史专区7个展区,是苏州市党史教育基地。

渡船头战斗纪念碑

◎ 渡船头战斗纪念碑

渡船头战斗纪念碑位于相城区阳澄湖镇枪堂村渡船头自然村。

1941年3月,江抗第一支队奉命进入阳澄湖地区活动,遭遇250余名日伪军袭击。战斗中共毙敌40余人,第一支队牺牲19人、伤8人。

2020年,阳澄湖镇政府在渡船头战斗遗址立碑纪念。

◎"阳澄湖"红色地名文化边界墙

"阳澄湖"红色地名文化边界墙位于相城区阳澄湖镇莲花村莲花岛西咀公园。

"阳澄湖"红色地名文化边界墙

"阳澄湖"是江苏省首批100个红色地名之一。2023年3月5日在相城区、昆山市、工业园区三地交界的相城区莲花岛西咀公园内的相园线界桩处，设立"阳澄湖"红色地名文化边界墙。墙体建筑以苏派砖雕工艺呈现，质朴大气、端庄朴素，分三段呈错落分布。中间主体宽1.8米、高3米，正面为"阳澄湖"红色地名文化边界墙标识和阳澄湖区域图，背面为阳澄湖地区红色革命历史记载。两侧墙体宽1.2米、高2.3米，左侧墙体上为红色地名铭牌、获评简介，右侧墙体上记录着地名由来及战斗场景。

◎ 苏州高新区太湖红色印记纪念馆

苏州高新区太湖红色印记纪念馆位于高新区镇湖街道石帆村东石帆西南100米。

场馆总占地面积128平方米，以"伟大建党精神"为主线，以"苏西红色文化"为主题，分为"烽火苏西""英烈风骨""初心铭刻""时代传承"4个主题展厅和数字化情景演绎空间，讲述了镇湖区域内寺桥战斗、贡山门战斗、杵山庙突围战、东山庙伏击战等西华战斗故事，以及姚阿大等5位镇湖籍英雄人物的故事。英烈墙上展示了高新区在抗日战争、解放战争、抗美援朝战争及对越自卫还击战中牺牲的163位烈士的名字。

2023年12月，苏州高新区太湖红色印记纪念馆正式对外开放。

苏州高新区太湖红色印记纪念馆

第三编 具有代表性的资源

张家港市

◎ 张家港市档案馆

张家港市档案馆位于张家港市杨舍镇老宅路191号。

该馆成立于1965年,是国家一级档案馆,是张家港市永久保管档案的基地和利用档案的服务中心,拥有档案约61万卷、87万件。馆藏"江泽民为张家港精神题词"入选2021年"江苏省百件红色珍档名录"。档案馆新馆于2009年建成开馆,总建筑面积8691平方米,主要设有展览区、查档服务区、档案库区、办公区、技术用房与配套设施设备用房区等功能区。

该馆常设"'沙上明珠孕异彩 港城英风谱华章'——张家港籍名贤名人档案文献展"。该展以丰富的档案史料、鲜活的照片实物、生动的表现手段,突出红色文化、名人文化两条主线,既展现了张家港人为建立新中国、建设新中国做出的丰功伟绩,又呈现了张家港人杰地灵的悠久历史和厚重文化,常年免费对外开放,供市民参观学习。

该馆是张家港市爱国主义教育基地、张家港市党性教育基地。

张家港市档案馆

张家港博物馆

◎ 张家港博物馆

张家港博物馆位于张家港市杨舍镇暨阳西路2号。

张家港博物馆于1999年9月建成开放，2010年扩建改造，总建筑面积1.2万平方米。2013年整体改造和调整陈列布展后，张家港博物馆有"长江文化博物馆""张家港历史文化陈列展厅""张家港民俗文化展厅""书画艺术展厅""碑刻陈列展示区"五大主题陈列及"东山村遗址文物展""黄泗浦遗址文物展"2个长期展览，是一个集收藏、陈列、研究、教育于一体的综合性博物馆，较清晰完整地展现了张家港的历史发展脉络和独特的地域文化。除基本陈列外，博物馆年均引进各类展览10余个，开展各类社会教育活动250余场。2015年建成数字博物馆。

张家港博物馆是国家二级博物馆，是江苏省文明单位、江苏省青年文明号、江苏省科普教育基地、苏州市文明单位、苏州市爱国主义教育基地、张家港市爱国主义教育基地、张家港文明单位标兵。

◎ 张家港市城市展示馆

张家港市城市展示馆位于张家港市杨舍镇东苑路288号。

张家港市城市展示馆于2009年9月建成对外开放，建筑面积5200平方米，展厅面积4600平方米。展馆主要通过文字、图片、影片、模型等方式，重点展示了张家港市的历史沿革、经济成就、城市建设、城市规划等方面的情况，集专业性、知识性、艺术性于一体，既是展示城市形象、传播城市精神的重要窗口，也是广大市民了解城市发展、参与城市规划的重要平台。

展示馆围绕参观接待、展陈更新、活动惠民、市情宣讲等重点内容开展工作，策划并举办各类临时性展览和大型主题活动200多次，成立"知我家乡、爱我港城"志愿者宣讲团，建成张家港市唯一的摄影作品展示基地，编纂并出版张家港市首部市情通俗读物——《港城百问》。

展示馆先后被公布为苏州市爱国主义教育基地、苏州市青年文明号，并被中国城市规划协会规划展示专业委员会吸收为全国首家县市级会员单位。

张家港市城市展示馆

◎"文明张家港"展示馆

"文明张家港"展示馆位于张家港市杨舍镇城北路 58 号。

"文明张家港"展示馆于 2012 年 10 月正式建成对外开放,建筑面积 7200 平方米,展厅面积 7000 平方米,分为"文明城市创建历程""'两手抓两手硬'物质文明、精神文明双丰收""聚力创新""聚焦富民""坚强保障""文明引领""城市掠影""走向未来""人人都是'张闻明'" 9 个部分,综合运用文字、图片、影像多媒体互动等形式,全景式记录张家港的发展变化,特别是文明城市创建的崭新实践和各项事业协调发展的巨大成就,是张家港对外交流、接待来访、展示城市形象的重要窗口。

2013 年,"文明张家港"展示馆被公布为苏州市首批时代精神教育基地。

"文明张家港"展示馆

◎ 永联展示馆

永联展示馆位于张家港市南丰镇嘉园路永联小镇永联议事厅。

永联展示馆于 2014 年 4 月 29 日正式启用，建筑面积 3000 平方米，分上、下两层，由序厅和"永联之路""永联历程""传奇村官""永联之魂"等展厅组成，运用雕塑艺术和声光电集成、三维地理信息系统、3D 影像和液体成像等技术，以全新的视角、不同的感官体验，回顾和展示了永联的建设成就、发展历程、核心经验，介绍了钢铁生产知识，全面展现了永联乡村振兴的实践和探索，是一部了解永联、学习永联的生动的教科书。

永联展示馆

永联展示馆展示了永联从 1978 年起在吴栋材的带领下脱贫致富的经历。1984 年，永联办起了轧钢厂，走上"轧钢富村"的道路。2006 年，永联村抓住国家"城乡建设用地增减挂钩"政策试点的机会，投资 30 多亿元，建设了永联小镇。2009 年，永钢集团相继建设了一批转型升级项目，年产钢能力提升到 900 万吨。自党的十八大以来，永钢集团围绕党和国家推进产业结构调整等一系列重大部署，进一步推进高质量发展。2021 年 12 月，永卓控股有限公司在永钢集团的基础上组建成立，开启高质量发展新征程。永联村党委先后两次被中共中央组织部评为"全国先进基层党组织"；永联村连续六届被评为"全国文明村"；永钢集团 2015 年被国家节能中心评为"推动绿色发展示范基地"，2022 年获得"中国工业大奖"。

◎ 沙洲职业工学院校史馆

沙洲职业工学院校史馆位于张家港市福新路 1 号。

沙洲职业工学院校史馆于 2014 年 9 月建成开馆。校史馆建筑面积约 380 平方米，充分展示了沙洲职业工学院的办学历史沿革，以及"根植张家港、融入张家港、服务张家港"的办学理念和"勤奋、求实、开拓、进取"的校训精神，是体现沙洲职业工学院特色文化积淀与文化追求的重要场所。

校史馆由序厅、概况展区和"源远流长""精心育人""薪火相传""桃李芬芳"6 个部分组成。序厅主要由序言、校训、办学

沙洲职业工学院校史馆

理念浮雕墙等组成；概况展区播放沙洲职业工学院形象宣传片，并附有校园简介与平面图；"源远流长"展区主要记录了学院历年大事记，陈列了见证学院重要历史的一些物件、文献，如徽章、证书、毕业照、学习生活照等；"精心育人"展区从专业建设、教书育人、校企合作、校园文化等方面展现学院的人才培养成就，特别是其中的"钱伟长馆"，记录了钱老 19 次到校视察的点点滴滴；"薪火相传"展区展示了代代"沙工人"努力的成果，包括学院历年获得的荣誉、分布在各行各业的校友风采等；"桃李芬芳"展区展陈了沙洲职业工学院每个毕业生和教师的笑脸。

◎"初心如磐"沙钢党建馆

"初心如磐"沙钢党建馆位于张家港市锦丰镇永新路319号。

"初心如磐"沙钢党建馆于2016年6月建成开馆。该馆以"党建引领"为核心,反映和记述沙钢发展的辉煌历程及党建工作开展情况,运用图片、文字和现代交互系统展示创新、智慧、绿色、幸福沙钢建设的最新成果,并通过现代化工业场景,传播新时代钢铁新形象,弘扬自力更生、艰苦奋斗、勇于创新、不断攀登的"沙钢精神",传承红色基因,用好企业红色资源和大工业资源,成为集展示、教育、培训、服务、活动于一体的综合型红色阵地。

"初心如磐"沙钢党建馆

2021年,沙钢集团被公布为苏州市爱国主义教育基地。

◎ 张家港保税区综合展示馆

张家港保税区综合展示馆位于张家港市镇山路218号滨江大厦一楼。

展示馆于2021年建成开馆,面积约1300平方米,运用文字、图片、实物、场景模型、VR漫游等形式,结合多媒体技术,展示张家港保税区的发展历程、规划蓝图和历史文化。

展示馆分五大展区:第一展区以"活力保税区"为主题,展示区域整体面貌及取得的先进荣誉;第二展区以"勇立改革开放潮头"为主题,记录区域基本情况、地理区位、发展历程及文化名片,并贯彻落实"创新、协调、绿色、开放、共享"五大发展理念,重点展示区域特色优势和发展活力;第三展区以"争当新时代发展先锋"为主题,展示区域发展的总体规划;第四展区以"推动高质量发展走在前列"为主题,重点展示保税区发展的重大成就和特色、亮点,从综合实力、招商兴区、工业领跑、科技创新、商贸集聚等方面展示区域产业发展的硬实力;第五展区以"不忘初心 牢记使命"为主题,重点展示区域党建工作成效。

张家港保税区综合展示馆

"张闻明"志愿服务展示交流中心

◎ "张闻明"志愿服务展示交流中心和网络文明素养实践教育基地

"张闻明"志愿服务展示交流中心和网络文明素养实践教育基地位于张家港市杨舍镇城北路58号。

2003年,中国移动通信集团江苏有限公司张家港分公司的爱心人士以"张闻明"的名义,向湖北省五峰土家族自治县三坪希望小学捐资助学。此后,"张闻明"的规模以几何级数逐年增加,并从爱心助学扩大到志愿奉献的各个领域。

"张闻明"志愿服务展示交流中心和网络文明素养实践教育基地位于张家港市新时代文明实践工作指导中心内,2023年3月正式启用,建筑面

积约640平方米。"张闻明"志愿服务展示交流中心内设"崇德向善·初心港""文明实践·爱心港""义路有你·同心港"三大空间,分为序厅和"志愿寄语""志愿星光""志愿传承""志愿市集"五大篇章,集志愿服务展示、交流、互动、体验等于一体,是展示张家港市精神文明建设成果的重要窗口和弘扬志愿文化的宣传阵地。

"张闻明"网络文明素养实践教育基地涵盖全市网络文明建设工作展示、网络文明素养科普宣教和网络文明互动体验等功能,以提升市民的网络文明综合素养为服务宗旨,以强化青少年网络安全教育为服务重点,帮助广大群众树立安全上网、文明上网、依法上网的理念,全面展示张家港市网络文明建设工作的"广度""厚度""力度""温度"。

常熟市

◎ 常熟市档案馆

常熟市档案馆位于常熟市香山北路3号。

常熟市档案馆始建于1959年6月;1992年建立新档案馆,2002年扩建。2018年11月,常熟市档案馆由常熟市政府大院迁至香山北路新馆。常熟市档案馆拥有各类馆藏档案和资料24万卷(册),馆藏档案主要分为明清档案、民国档案、革命历史档案及新中国成立后档案四大部分。馆内珍藏的特色档案有清代"科技图纸",民国"市民公社档案""志谱档案",新中国成立前百种常熟地方报刊,以及翁同龢、王淦昌、李咏森等名人档案,基本形成了一个内容丰富、门类齐全、结构合理的馆藏体系。

1994年、2000年,常熟市档案馆被确认为江苏省一级先进档案馆;2004年11月通过江苏省特二级档案馆认定,2007年晋升为江苏省特一级档案馆;2008年6月成为全国县级档案馆中首批国家一级档案馆,成为全省最高等级档案馆。

常熟市档案馆

常熟博物馆

◎ 常熟博物馆

常熟博物馆位于常熟市北门大街1号。

常熟博物馆于1997年9月正式对外开放，占地6000多平方米，建筑面积5300平方米，由7个展厅、文物库房、办公大楼及辅助用房等设施构成。馆内拥有上至崧泽、良渚文化，下至新民主主义革命时期的各类藏品20453件（套），其中，革命文物182件（套），承载了常熟革命历史记忆。

常熟博物馆是一座集收藏、研究、陈列、教育等功能于一体的历史艺术类综合性博物馆，是国家一级博物馆，也是江苏省优秀博物馆、江苏省爱国主义教育基地、江苏省首批社会教育学习体验基地等。

碧溪革命传统教育馆

◎ 碧溪革命传统教育馆

碧溪革命传统教育馆位于常熟市碧溪街道浒浦大北街文化中心公园内。

碧溪革命传统教育馆是常熟首家乡镇革命传统教育馆。2006年9月建成开放,建筑面积约138平方米。2014年在公园内易址新建,2015年2月建成开馆,建筑面积350平方米。该馆通过图片、文字、实物展示、视听音像、领导题词、雕塑等形式反映了碧溪人民在中国共产党的领导下,在反帝反封建的斗争中不怕牺牲、前仆后继、浴血奋斗的光辉历程和英雄事迹。

◎ 梅李历史文化博物馆

梅李历史文化博物馆位于常熟市梅李镇梅东路 64 号。

梅李历史文化博物馆设于常熟市文物保护单位爱日精庐（由常熟城区移建至梅李）内，占地 1000 平方米，是江苏省第一家由乡镇一级政府投资兴建的公益性博物馆。该博物馆于 2008 年 9 月 25 日对外开放，集收藏、研究、陈列、教育功能于一体。馆内共设 3 个展厅：一楼为通史厅，着重展示梅李深厚的文化积淀、历代才俊和自然景观；二楼为革命斗争史厅，陈列中共常熟县委重建、民抗成立及著名的梅李抗日三英雄和一大批梅李革命烈士的事迹和照片；文物厅展出各个历史时期梅李的出土文物和名人书画。

梅李历史文化博物馆是苏州市爱国主义教育基地、常熟市爱国主义教育基地、常熟市社会科学普及基地。

梅李历史文化博物馆

◎ 蒋巷村史馆

蒋巷村史馆位于常熟市支塘镇蒋巷新村1号。

蒋巷村位于常熟东南部，新中国成立后特别是改革开放以来，蒋巷村人民在书记常德盛的带领下把党的政策、群众需求与自身特点紧密结合起来，艰苦奋斗、敢为人先、开拓进取，逐步探索发展出"农业起家、工业发家、旅游旺家、生态美家、精神传家"的科学发展之路，建成了产业兴旺、生态宜居、乡风文明、治理有效、生活富裕的社会主义新农村。常德盛书记先后当选全国优秀共产党员、全国道德模范、中共十六大代表、中共十八大代表。蒋巷村先后获得"全国文明村""国家级生态村""全国乡村治理示范村""中国最有魅力休闲乡村""全国乡村旅游重点村"等荣誉称号，是江苏省爱国主义教育基地。

2012年，蒋巷村建成村史馆，将蒋巷村50多年的发展史和团结、拼搏、务实、创新的"蒋巷精神"浓缩在了村史馆中。村史馆展陈分六大板块，即领导关怀篇、艰苦创业篇、科学发展篇、文明和谐篇、党建成果篇、先进荣誉篇，充分展现了50多年来蒋巷村在常德盛的带领下走过的一条乡村振兴之路，让前来参观学习的游客充分感受到蒋巷村日新月异的变化，学习、借鉴蒋巷村的成功经验，助力乡村振兴。

蒋巷村史馆

◎ 王淦昌故居

王淦昌故居位于常熟市支塘镇南街 44 号。

王淦昌故居

王淦昌（1907—1998），常熟支塘人，中共党员，九三学社社员，曾任中国原子能科学研究院院长、九三学社中央名誉主席。他是核物理学家、中国核科学的奠基人和开拓者之一、中国科学院院士、"两弹一星功勋奖章"获得者。1929 年，王淦昌毕业于清华大学物理系，1933 年获柏林大学博士学位。1964 年，王淦昌独立提出用激光打靶实现核聚变的设想，是世界激光惯性约束核聚变理论和研究的创始人之一。王淦昌参与实现中国原子弹、氢弹原理突破及核武器研制的试验研究和组织领导工作，是中国核武器研制的主要奠基人之一。王淦昌曾荣获国家自然科学奖一等奖（2 项）、国家科学技术进步奖特等奖等奖项。

王淦昌故居为晚清风格，前后三进，2017 年经修缮改造建成纪念馆。2019 年，王淦昌故居被江苏省政府公布为江苏省文物保护单位；2021 年入选《江苏省不可移动革命文物名录（第一批）》。

◎ "碧溪之路"展览馆

"碧溪之路"展览馆位于常熟市碧溪街道扬子江大道101号。

"碧溪之路"展览馆内景

党的十一届三中全会后，碧溪人民公社党委在继续抓好农业生产的基础上，相继办起了多家社办、村办企业，到20世纪80年代初期，碧溪初步形成了以化纤针织为主，机械、建材、化工、轻工、电子仪表、纺织服装等综合发展的工业结构。产品畅销全国，乃至北美、西欧、东南亚等地的40多个国家和地区。1984年2月25日，《人民日报》头版头条刊登《碧溪乡发展农副工建成新型集镇》的报道并加按语，两天后，《新华日报》刊发新华社记者采写的长篇通讯《碧溪之路》并加新华社编者按，随后，中央电视台、中央人民广播电台及全国各地的报纸、广播、电视台纷纷报道。

2018年9月，碧溪街道建成"碧溪之路"展览馆。馆内展陈分"碧溪概览""创新辟路""转轨转型""谱写华章"4个部分，全面展示了20世纪80年代碧溪乡镇企业蓬勃兴起，实现由农转工、成为苏南模式的代表而闻名全国；20世纪90年代发展外向型经济，实现由内到外；21世纪以来创新引领发展，加快实现由大到强，推动经济转向高质量发展的历程。

常熟城市展示馆

◎ 常熟城市展示馆

常熟城市展示馆位于常熟市档案馆二楼,是常熟文化片区内的重要文化地标。

常熟城市展示馆于2018年12月正式开放,占地2200平方米,分为序厅、主展厅、尾厅三部分,其中,主展厅设有"底蕴深厚的常熟""探索前行的常熟""改革开放的常熟""迈入新时代的常熟""未来可期的常熟"五大篇章。展区内充分运用隔空互动、数字沙盘、透明触摸等前沿多媒体技术,既有大量珍贵的图文资料展出,又有丰富多样的实物展示;既有现代科技的动态演示,又有引人入胜的多维场景,形象生动地展示了常熟深厚的历史文化、城市发展历程和未来发展的蓝图。

望虞河精神展示馆

◎ 望虞河精神展示馆

望虞河精神展示馆位于常熟市辛庄镇嘉菱村张卫路23号。

望虞河开挖工程于1958年年末动工,常熟数万民工发扬敢想敢干的奋斗精神,上下齐心、同心同德,终完成此项大型水利工程。望虞河开挖工程成为新中国成立后常熟地区施行的土方工程量最大、投入劳动力最多、减灾效益和社会效益最好的水利工程。

望虞河精神展示馆于2020年开馆,以"敢想敢干创先锋 望虞河上海棠红"为主题打造,分4个篇章,展示了望虞河工程开挖的历史。

◎"红色蜂蚁"革命传统教育馆

"红色蜂蚁"革命传统教育馆位于常熟市常福街道蜂蚁村。

"红色蜂蚁"革命传统教育馆

20世纪40年代后期,该区域的顾达元、赵仁雄、陶耀东、邹达明等进步青年创办蜂蚁文艺社,创立《蜂蚁周刊》,宣传革命思想。"蜂蚁"二字象征了蜜蜂和蚂蚁的团结、勇敢、守纪律的精神。1946年,中共党员季元福受组织委派以教师身份为掩护在大悲殿开办小学,开展革命活动,后又以"蜂蚁"二字作为校名,由此蜂蚁小学正式诞生。后夏明波(新中国成立初,任中共常熟县委副书记)也曾在这一地区开展革命活动,在夏明波等的影响下,顾达元、赵仁雄等走上革命道路。新中国成立后,这里建立了蜂蚁乡、蜂蚁村。

2021年11月,"红色蜂蚁"革命传统教育馆开馆,总占地面积约520平方米,由"蜂蚁火种""蜂蚁变革与发展""蝶变蜂蚁"三大展区组成,还配备"春蜂拾理"阅读角、"三蜂三蚁"文明行动社、蜂蚁书屋、"蜂"议空间、多功能室等特色阵地。

◎ 望虞河水情教育基地

望虞河水情教育基地位于常熟市海虞镇境内的望虞河河口。

望虞河水情教育基地

望虞河是常熟及苏州市区、无锡地区人民进行社会主义革命和社会主义建设的重大成果。在党的领导下，12万民工在开挖望虞河的过程中展现出了忠诚为民、艰苦奋斗、敢想敢干、不甘落后、大公无私的"望虞河精神"。2021年11月，望虞河水情教育基地建成开放。基地由望虞河工程展示馆与望虞河常熟枢纽工程组成。望虞河工程展示馆位于望虞河入江控制工程——常熟枢纽管理区内，展馆面积210平方米，通过视频、图片、文字等多种形式，集中展示了长江和太湖流域的水系水情、治水历史，望虞河及沿线工程规划建设、运行管理、效益发挥、后续发展等相关情况，以及望虞河在太湖流域发挥的功效、在长三角一体化进程及江苏省高质量发展中的作用。

望虞河水情教育基地是江苏省太湖水利水情教育基地。

◎ 旗杆大院红色印记陈列室

旗杆大院红色印记陈列室位于常熟市董浜镇旗杆村4组旗杆22号。

旗杆大院始建于清代中期,由虞山黄氏五世孙黄金凤在黄家大院前竖起旗杆而得名,旗杆大院所在的徐市是常熟民抗部队和新四军的主要活动地。2022年,董浜镇在130平方米的旗杆大院遗址上新建陈列室。2023年3月,旗杆大院红色印记陈列室建成开放,陈列室内既有历史文化展示,又有革命历史陈列,展现了旗杆大院深厚的传统文化与红色精神。

旗杆大院红色印记陈列室

◎ 辛庄镇流金光影馆

流金光影馆位于常熟市辛庄镇张家桥村邵家塘 92 号。

馆内围绕"百年记忆""光影铸魂""常熟拾光""习声回响""麦场星光""穿越时空""誓词铮铮""红色印迹"八大篇章,通过实景浏览、VR 体验、声光电影等形式,生动阐述了党史故事。

2023 年,辛庄镇流金光影馆被公布为苏州市党史教育基地。

辛庄镇流金光影馆

太仓市

◎ 太仓市档案馆

太仓市档案馆位于太仓市县府东街99号5号楼。

太仓市档案馆始建于1959年。2009年建成新馆并全面对外开放,新馆为五层单体建筑,总建筑面积1.1万平方米。馆藏档案总量达40多万卷、50多万件,资料1.6万余册。

该档案馆内建有太仓市历史文化档案陈列馆,展示了太仓经济、社会、文化等的发展;挂牌成立全市电子数据备份中心,数据存储容量达到100T,为全市各单位提供数据备份5000余万页;下属事业单位——太仓市机关文档管理中心对全市进驻行政中心单位档案进行集中统一管理,通过数字档案馆室联动,实现了机关单位档案实体集中、资源共享的现代化管理模式。

太仓市档案馆

太仓市档案馆是国家一级档案馆、全国首家县级示范数字档案馆、江苏省首批"国家示范档案馆"、江苏省5A级数字档案馆,是全国社会主义新农村建设档案工作示范县、全国中小学档案教育社会实践基地、江苏省科普教育基地、苏州市爱国主义教育基地。

◎ 太仓市规划展示馆

太仓市规划展示馆位于太仓市科教新城文治路8号。展示馆毗邻天镜湖,外观为"双鱼"造型,是太仓市第一座雕塑型半岛建筑。现免费向社会公众开放。

太仓市规划展示馆2014年正式开馆,占地约2万平方米,总建筑面积1.87万平方米,其中,展陈面积6500平方米,共三层19个展厅。全馆以太仓的城市发展总目标"现代田园城、幸福金太仓"为主题,通过沙盘模型、触摸屏、裸眼3D、互动体验设施等展项形式,集中展示了太仓的地理区位、历史沿革、文化遗存、城乡建设成果和未来发展蓝图。除常设展项外,馆内还设有3D影院,不定期开展红色经典影片展播;设有"太仓记忆"展区,常态化播放爱国主义教育、社会主义核心价值观教育、我国取得的历史性成就及变革等主题宣传片;设有"先锋书吧",内有党史教育类书籍、经典文学书籍等300余册;设有"主题临展"区域,根据社会前沿和民生热点定期更新,举办各类主题展览;设有"红色讲堂",不定期开展有关爱国主义教育的讲座、研讨、交流等活动。

太仓市规划展示馆先后被公布为苏州市爱国主义教育基地、江苏省自然资源系统党员教育实境课堂。

太仓市规划展示馆

◎ 太仓市娄江新城规划展示馆

太仓市娄江新城规划展示馆位于太仓市娄江新城科教创新区西交利物浦大学太仓校区东北角、西北工业大学太仓校区南侧。

展示馆于2020年10月开馆试运营，占地面积约2.59万平方米，建筑面积约2300平方米。展示内容涵盖长三角一体化发展、虹桥国际开放枢纽建设机遇等多重战略机遇、太仓发展优势、对德合作、娄江新城规划体系、西北工业大学和西交利物浦大学太仓校区的基本情况、太仓市重点招商项目及分布，以及载体招商、片区招商、经营性地块招商、人才配套设施、营商环境等内容，是展示娄江新城规划的重要窗口。

太仓市娄江新城规划展示馆

◎ 太仓市党员教育"心源"馆

太仓市党员教育"心源"馆位于太仓市中市西路69号陆渡街道党群服务中心内。

太仓市党员教育"心源"馆

该馆面积1500平方米,2021年5月建成并投入使用,展示了百年来中共党史和太仓地方史中的重要事件,集中介绍了太仓市优秀党员先进事迹、党员队伍特色创新做法。馆内还设有"掌上讲习所""寻档见初心""海棠集市"等六大功能体验区,建成海棠观影点、初心智慧学堂、先锋学苑等功能室。

◎ 太仓中德合作展示中心

太仓中德合作展示中心位于太仓市宁波东路66号太仓中德中小企业合作示范区内。

该中心于2023年3月正式建成开馆，建筑面积1500平方米。整个展馆分为"大时代""大作为""大事件""大示范""大环境""大产业""大合作""大未来"八大篇章，记录了1993年以来太仓对德合作的历史时刻，生动再现了在太德资企业的成长历程，全面展示了太仓中德中小企业合作示范区获批以来在产业、科技、文化、教育、体育等方面取得的丰硕成果，以及区内各功能载体的发展情况。

太仓中德合作展示中心全景

昆山市

◎ 昆山市档案馆

昆山市档案馆位于昆山市震川西路 1618 号。

昆山市档案馆成立于 1959 年。2018 年 6 月，新馆正式开馆。馆内的常设展览有"'玉出昆冈'——昆山历史文化档案陈列"，展陈面积约 1500 平方米，分为"文明古卷""民国旧录""峥嵘记忆""鹿城今传"四大板块，以时间为轴线，再现了昆山 6000 多年文明史和 2200 多年的城市发展史，其中，"峥嵘记忆""鹿城今传"展示了昆山人民在党的领导下，从新民主主义革命开始一直到社会主义新时代的历史；"昆山籍院士与将军风采展"，展陈面积约 430 平方米，展现了钱七虎、费俊龙等昆山籍国家级优秀人才的奋斗历程、工作成就、研究成果、所获荣誉；"长三角红色档案珍品展"，展陈面积约 600 平方米，展出的除长三角地区"三省一市"的红色档案外，还增设了百余件昆山红色革命档案。

1997 年，昆山市档案馆被公布为昆山市爱国主义教育基地；2014 年被公布为昆山市爱国主义教育示范基地。2023 年，昆山市档案馆档案展示区被公布为苏州市党史教育基地。

昆山市档案馆

◎"与时俱进的昆山之路"成果展

"与时俱进的昆山之路"成果展位于昆山市前进中路109号昆山科技文化博览中心东区二楼。

该成果展的展览面积达3000平方米,由"峥嵘岁月——精神内涵与发展历程""春华秋实——贯彻新发展理念""走进新时代——推动高质量发展""党建引领——不忘初心 牢记使命"等篇章组成,全方位展示昆山经济社会的发展历程和显著成就,生动体现"昆山之路"的精神内涵。

2022年,"与时俱进的昆山之路"成果展被公布为苏州市党史教育基地。

"与时俱进的昆山之路"成果展展厅

苏州市区

◎ 苏州市档案馆

苏州市档案馆于1949年筹建、1959年成立,现位于姑苏区北园路269号,占地面积1.1万平方米,建筑面积3.3万平方米。

该馆为国家一级档案馆、江苏省爱国主义教育基地,年均接待1万余人次查档,馆藏档案起止年限为1447—2017年,共有624个全宗,档案数量56万卷(件)。馆藏最具地方和历史特色的是形成于1905—1949年的"苏州商会档案","苏州商会档案(晚清部分)""苏州市民公社档案"已入选《中国档案文献遗产名录》。馆藏数量最多的是1949—2010年间苏州地方党政机关形成的文书档案,记录了苏州60年来政治、经济、社会、文化等各项事业的发展轨迹,其中也有部分反映了上山下乡、独生子女、涉外婚姻等与老百姓切身利益密切相关的档案资料。馆藏还有珍贵的名人档案,如陶冷月、费新我、谢孝思、何泽慧等一批苏州籍或在苏工作过的院士和艺术家档案,以及过云楼顾氏家族档案;较有特色的还有重大活动档案、外交礼品档案等。

馆内有"吴门珍档""文明互鉴——苏州市对外交往礼品展""灿若星辰——苏州市档案馆名人档案选展"3个展厅。

苏州市档案馆

吴中区公共文化中心

◎ 吴中区档案馆

吴中区档案馆位于吴中区东苑路1号吴中区公共文化中心D馆。

该馆起始于1959年3月成立的吴县档案馆,新馆于2017年5月建成启用,建筑面积约1.44万平方米,库房6000多平方米,馆藏20余万(卷、件)。二楼常设"吴中档案史志陈列展",总布展面积800平方米,分"源远流长""光辉历程""人文荟萃"三大篇章。

吴中区档案馆为江苏省示范档案馆、江苏省5A级数字档案馆、国家二级档案馆。

◎ 吴江档案馆

吴江档案馆位于吴江区中山南路1979号。

该馆成立于1959年6月1日,建筑面积7500平方米,地上四层、地下一层。馆藏档案55万余卷、38万余件,馆藏资料3000多种、2.4万余册,照片2.6万余张,是江苏省内县(市)级中保存历史档案最多的档案馆,共有1.2万余卷。

吴江档案馆为国家一级档案馆、全国示范数字档案馆,是江苏省中小学档案教育社会实践基地、苏州市爱国主义教育基地。

吴江档案馆

◎ 相城区档案馆

相城区档案馆位于相城区嘉元路3号。

相城区档案馆于2007年建成，建筑面积约5200平方米，馆藏档案资料累计9万余卷、70万余件，声像档案1万余件（张），实物档案600余件，报刊资料0.6万余册。档案馆一楼设有红色长廊，全面系统地介绍了相城区革命斗争的历史。

相城区档案馆是国家一级档案馆，是江苏省社会科学普及示范基地、苏州市爱国主义教育基地。

相城区档案馆

◎ 苏州工业园区档案管理中心

苏州工业园区档案管理中心位于苏州工业园区翠园路128号。

该中心于2007年7月成立，馆藏档案36万卷、48万件，主要包括园区自开发建设以来的各类型档案。苏州工业园区档案管理中心先后晋升为国家一级档案馆、江苏省5A级数字档案馆；获得"江苏省档案科技工作先进单位""苏州市'2012—2015年度全市档案工作先进集体'""苏州市巾帼文明岗""全国示范数字档案室"等称号。

苏州工业园区档案管理中心

◎ 中国刺绣艺术馆

中国刺绣艺术馆位于高新区镇湖街道绣馆街1号。

中国刺绣艺术馆

该馆于2007年建成开馆，占地面积8000余平方米，主体建筑5000平方米，展出区面积3000平方米。馆内设有绣史馆、名人馆、工艺馆、精品馆及特展厅，是目前国内规模最大的，集刺绣技艺研发、学术交流、展示评比及文化传播等多功能于一体的专业性刺绣展馆。

2013年，中国刺绣艺术馆获评国家4A级景区；2019年被公布为苏州市统一战线传统教育基地；2020年被公布为中国工艺美术学会工艺美术科普教育基地。

◎ 江村文化园

江村文化园位于吴江区七都镇开弦弓村。

江村文化园于 2010 年建成，坐北朝南，占地 1 万平方米，建筑面积 2200 多平方米。文化园共由 6 个部分构成，分别是费孝通江村纪念馆、江村历史文化陈列馆、费达生江村陈列馆、孝通广场、景观池和碑廊。

费孝通（1910—2005），江苏吴江人，当代著名的社会学家、人类学家、民族学家、社会活动家，中国社会学和人类学的奠基人之一，第七、八届全国人大常委会副委员长，中国人民政治协商会议第六届全国委员会副主席，中国民主同盟中央委员会名誉主席，中央民族大学名誉校长。费孝通从 1936 年开始在开弦弓村（江村）进行调查访问，至 2002 年的 60 多年里先后 26 次来到江村，跟踪考察江村的社会经济和人民生活变化的历史过程，对我国的农村经济、社会发展起到了极大的推动和促进作用。2005 年 4 月，费孝通逝世，享年 95 岁。

2023 年，江村文化园被公布为苏州市党史教育基地。

江村文化园内的费孝通先生塑像

苏州市姑苏区档案馆

◎ 姑苏区档案馆

姑苏区档案馆位于姑苏区江乾路 115 号。

2013 年 4 月，原平江区、沧浪区、金阊区档案局（馆）整合为姑苏区档案局（馆），馆藏档案 321 个全宗、17.1 万卷、76.9 万件，全面记录了原平江、沧浪区、金阊区和姑苏区的政治、经济、社会、文化等各项建设事业的发展。所有档案均为建后档案。

2022 年，姑苏区档案馆获"国家综合档案馆'规范档案馆'"称号。

苏州高新区（虎丘区）档案馆

◎ 苏州高新区（虎丘区）档案馆

苏州高新区（虎丘区）档案馆位于高新区科普路 50 号。

该馆于 2013 年 6 月建成，建筑面积 6500 平方米，记录了苏州郊区和高新区（虎丘区）的政治、经济、社会、文化等各项事业的发展轨迹。馆藏起止年限为 1952—2019 年。

2022 年 11 月，苏州高新区（虎丘区）档案馆被江苏省档案馆确定为江苏省县（市、区）国家综合档案馆业务建设示范档案馆。

◎ 苏州工业园区展示中心

苏州工业园区展示中心位于苏州工业园区苏州大道东328号档案大厦内，于2014年10月正式启用，原名"苏州工业园区规划展示馆"。

苏州工业园区展示中心分为三层展区，布展面积约1.2万平方米，展陈面积4500平方米。一层以"勇立改革开放潮头，当新时代发展先锋"为主题，以"创新、协调、绿色、开放、共享"五大发展理念为主线，多元展示园区践行新发展理念，推动高质量发展，为"强富美高"新江苏贡献"园区样本"的成果。二层陈列实物展品，让参观者了解苏州市和苏州工业园区产业科技创新情况，观看历史图片，了解苏州工业园区近30年"一张蓝图绘到底"的发展情况。三层依托LED沙盘直立屏和地屏可分可合、智能互动、互相渲染的展示手段，直观、立体、形象地展示园区开发建设的成果。

2007年，苏州工业园区展示中心被公布为江苏省爱国主义教育基地；2013年被公布为苏州市爱国主义教育示范基地；2022年被公布为苏州市党史教育基地。

苏州工业园区展示中心内景

◎ 苏州公民道德馆

苏州公民道德馆位于吴江区松陵街道鲈乡南路 969 号。

苏州公民道德馆

该馆始建于 2015 年，展陈面积近 1000 平方米。展馆分为"大道至德·见贤思齐""崇德向善·润物无声""厚德载物·德行天下"三大篇章，展示了苏州古代先贤、全国道德模范、全国文明家庭、中国好人、江苏好人、新时代江苏好少年等 360 多位市级及以上先进典型的感人事迹。

截至 2023 年 12 月，苏州公民道德馆是江苏省内最大的公民道德教育专题场馆和道德活动实践基地。2023 年，苏州公民道德馆经改陈布展后全新开馆。

◎ 苏州市宪法宣传教育馆（相城区法治宣传教育中心）

苏州市宪法宣传教育馆（相城区法治宣传教育中心）位于相城区庆元路168号。

该馆于2018年1月建成，是全国首个全部以宪法为布展内容，集场景复原、雕塑、平面展示、原创视频和互动等多形式于一体的宣传教育场馆。馆内共分4个展厅，突出"党的领导、人民当家作主、依法治国"的主线，立足地方文化特色，重点展示了苏州在宪法诞生发展、践行宪法精神等方面所做出的努力和取得的成果，让市民真切体会到宪法就在身边，进而增强尊崇宪法、践行宪法精神的自觉。

苏州市宪法宣传教育馆（相城区法治宣传教育中心）

东山奋进馆

◎ 东山奋进馆

东山奋进馆位于吴中区东山镇光明村 64-3 号。

该馆于 2019 年建成开放。全馆占地 750 平方米，其中，展馆面积近 500 平方米。东山奋进馆分两大部分：第一部分为中共一大到中共二十大会议的珍贵历史图片，展示了党的光辉历程；第二部分为东山镇近现代史料，重点展示了东山人民在中国共产党的领导下，开展社会主义革命和建设取得的各项成就。

2021 年，东山奋进馆被公布为苏州市爱国主义教育基地。

◎ 苏州全国劳动模范事迹馆

苏州全国劳动模范事迹馆位于吴中区木渎镇灵天路699号。

该馆于2020年11月建成开馆，总占地面积1.1万平方米，其中，展馆及配套功能设施面积约5800平方米。事迹馆展馆分为全国馆和苏州馆，主要通过展板、实物、影像、场景再现等方式，展示了200余名全国劳模的事迹和风采，其中，全国馆以"时代领跑者"为主题，分为20世纪50—60年代、20世纪70—90年代、新世纪（21世纪）三个时期，展示了新中国成立以来有影响力的159名全国劳模；苏州馆以"实干兴邦，筑就辉煌"为主题，分为社会主义革命和建设时期、改革开放时期、新世纪新时代三个时期，展示了苏州的67名全国劳模。

该馆先后被公布为全国职工爱国主义教育基地、江苏省总工会劳动模范教育实践基地、苏州市党史教育基地等。

苏州全国劳动模范事迹馆

◎ 苏州日报社报史馆

苏州日报社报史馆位于苏州工业园区八达街118号苏州新闻大厦38楼,占地面积1000平方米。

苏州日报社报史馆

1949年7月1日,中共苏州市委机关报《新苏州报》创刊,同时报道苏州地区的动态、工作中的经验和问题。1961年2月,《新苏州报》更名为《苏州工农报》。1971年9月1日停刊。1979年4月27日复刊,定名《苏州报》,周三刊,社址在民治路24号。1983年7月1日,为适应市管县新体制,《苏州报》的宣传报道范围延伸到县、乡。1986年,《苏州报》增为日刊。1987年,《苏州报》改名为《苏州日报》。1993年,改为对开4版大报。同年6月13日,试出第一张彩报——《苏州日报》(星期版)。1994年,创办全国第一张彩色晚报——《姑苏晚报》,4开4版,日刊。1996年,由单色报纸改为彩色大报。2001年2月,新闻综合类门户网站"苏州新闻网"开通。同年5月,苏州日报社接收《吴县日报》,将其更名为《城市商报》,于11月20日创刊。2003年9月,组建苏州日报报业集团。

2021年7月,苏州日报社报史馆正式开馆,通过"城市之窗""薪火相传书辉煌""报业记忆""与城同进记发展""海棠花红·苏报红"等12个展区介绍了苏州报业新闻宣传发展史,展示了党的舆论宣传工作的发展历程。

该馆为苏州市爱国主义教育基地、苏州市党史教育基地。

◎ 苏州古城保护展示馆（长洲县学大成殿）

苏州古城保护展示馆（长洲县学大成殿）位于姑苏区干将东路518号平江实验学校内。

长洲县学大成殿始建于明嘉靖二十年（1541），占地544平方米。2019年，作为苏州古城保护展示馆改造提升，2021年8月正式对外开放。展

苏州古城保护展示馆

示馆分上、下两层，展示了自20世纪80年代以来特别是近10年在习近平新时代中国特色社会主义思想指引下的苏州古城保护之路。

1998年，长洲县学大成殿被公布为苏州市文物保护单位。

长洲县学大成殿

◎ 苏州工匠广场

苏州工匠广场位于相城区元和街道广济北路以东、建元路以北、文灵路以西。

2021年4月，苏州工匠广场启用，占地约2.52万平方米，以"大国工匠，传承再生"为主题，共设"传承""汇聚""创新"三大片区，立有伍子胥、干将、计成、蒯祥、陆子冈、沈寿等6位苏州"吴地名匠"雕塑。

苏州工匠广场

◎ 大阳山政德教育基地

大阳山政德教育基地位于高新区山神湾路 8 号大阳山国家森林公园内。

大阳山政德教育基地

该教育基地于 2021 年落成开馆，占地约 500 平方米，外围水域面积约 1500 平方米，展馆两层总建筑面积约 260 平方米。基地设置"阳山之脉"和"陆公馆"两个展馆，以及名人文化廊、支部廉洁沙龙两个功能区，用以讲述阳山文化、阐释廉石文化、弘扬政德文化。

2021 年 10 月，大阳山政德教育基地被中共苏州市纪律检查委员会、苏州市监察委员会纳入"苏州廉洁文化地图"。

◎ 高景山红色文化阵地

高景山红色文化阵地位于高新区枫桥街道马涧路188号。

高景山红色文化阵地于2023年6月建成开放。该红色文化阵地线路始末点长约280米，参观时长20—30分钟。通过"铁路行军""田野会议""捐赠物资""架设浮桥"四大主题事迹，以"连环画"的形式生动展示了苏州解放前夕发生在原开山村（高景山公园旧址）的革命历史故事。

高景山红色文化阵地

◎ 平江历史文化街区

平江历史文化街区西至临顿路，东至外城河，北至白塔东路，南至干将东路，基本延续了宋代以来的城坊格局和"水陆并行，河街相邻"的独特风貌，堪称苏州古城的缩影、整体保护的典范。

2023年7月6日，习近平总书记考察平江历史文化街区时说："住在这里很有福气，古色古香，到处都是古迹、到处都是名胜、到处都是文化。'百步之内，必有芳草'，这句话可以用在这里。"

平江历史文化街区水系景色

他还说："我慕名而来，昨天看了苏州工业园区，今天又来看了苏州的优秀传统文化。苏州在传统与现代的结合上做得很好，这里不仅有历史文化的传承，而且有高科技创新和高质量发展，代表未来的发展方向。平江历史文化街区是传承弘扬中华优秀传统文化、加强社会主义精神文明建设的宝贵财富，要保护好、挖掘好、运用好，不仅要在物质形式上传承好，更要在心里传承好。"

2005年，中国江苏苏州平江历史街区获联合国教科文组织亚太地区文化遗产保护荣誉奖提名表扬。2009年，平江路入选首批"中国十大历史文化名街"。2015年，平江历史文化街区被住房和城乡建设部、国家文物局公布为第一批中国历史文化街区。

◎ 杨嘉墀故居

杨嘉墀故居位于吴江区震泽镇砥定街32号。

杨嘉墀（1919—2006），江苏吴江人，出自震泽丝业名门杨氏。1949年获得哈佛大学哲学博士学位；1956年携全家返回祖国，进入中国科学院自动化及远距离操纵研究所，历任研究员、室主任、副所长，先后领导实施"151工程"，承担原子弹爆炸实验测试任务，参与我国第一颗人造卫星的总体方案论证，组织并参与第一颗返回式卫星姿态控制系统的研制工作；1979年加入中国共产党；1980年当选为中国科学院学部委员；1981年被任命为"实践"系列卫星总设计师；1986年参与"863计划"；1999年荣获"两弹一星功勋奖章"；2001年，国家天文台将一颗小行星命名为"杨嘉墀星"；2006年6月11日，杨嘉墀因病在北京逝世，享年87岁。

杨嘉墀故居建于民国，坐北朝南，共两进：第一进面阔三间12.4米，进深7.5米；第二进面阔三间12.4米，进深10.12米。天井两侧为厢楼，楼下西开间另辟出一条宽0.8米的备弄。

2008年，杨嘉墀故居当选第三次全国文物普查新发现文物点；2022年对其进行全面修缮；2023年10月正式开馆，内部展览分为序厅和"人生之路 故土寻根""蔚然成才 矢志报国""协力同心 两弹一星""战略前沿 创新航天""嘉木成荫 墀耀后人"5个篇章。

杨嘉墀故居

◎ 程开甲故居

程开甲故居位于吴江区盛泽镇银行街 12 号。

程开甲（1918—2018），江苏吴江人，中国科学院院士，著名的理论物理学家，我国核武器事业的开拓者之一，中国核试验科学技术体系的创建者之一。1946 年，程开甲赴英求学，1950 年回到祖国，先后任教浙江大学、南京大学，其间撰写了我国第一部《固体物理学》教材。1960 年，程开甲任第二机械工业部第九研究所（院）副所（院）长，参加原子弹研制工作，为中国核武器的研制和试验做出了突出贡献。1985 年，程开甲荣获国家科学技术进步奖特等奖；1999 年荣获"两弹一星功勋奖章"；2013 年荣获国家最高科学技术奖；2017 年荣获"八一勋章"；2019 年荣获"改革先锋"称号和"人民科学家"国家荣誉称号。

程开甲故居始建于清光绪年间，总占地面积约 692.5 平方米，总建筑面积 1462.88 平方米。故居建筑整体分为东、西两路：东路始建于清光绪年间，本名"洛源堂"，建筑共两进，一、二进之间以厢楼及廊道相连接，每进均呈四周布局，形成两个天井；西路始建于清光绪二十三年（1897）冬季，堂号"春粹堂"，建筑共三进，三进建筑两侧均辅以厢楼相连，合围成两个共享空间，静中取幽，极富江南特色。

第四编 重要文物

◎《民气·大流血惨案专号》

常熟博物馆藏。纵 19 厘米，横 14 厘米。铅印 16 开本，1925 年 9 月 7 日由常熟市民对日外交大会编印，共 116 页，所载文字近 8 万字，记述了常熟各界在五卅运动中的一系列活动。

常熟市民对日外交大会于 1923 年成立，在五卅运动中，它是常熟城区各界统一的联合组织。《民气报》于 1923 年 3 月 24 日创刊，4 开，不定期印刷，免费赠阅。《民气·大流血惨案专号》的主要内容：第一，介绍了 1925 年间全国各地发生的帝国主义分子残害同胞的惨案情况；第二，详细地记述了常熟五卅运动中的一些大事；第三，收集了常熟机关、商业、教育、宗教、新闻各界和邑中名士追悼死难同胞的祭文、挽诗、散文。

"《民气·大流血惨案专号》"为馆藏三级文物。

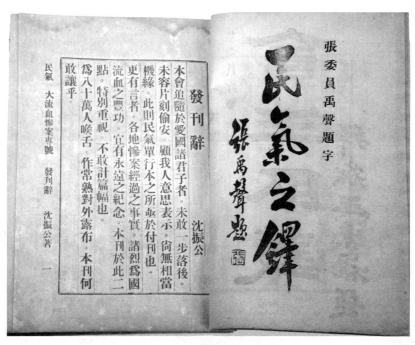

《民气·大流血惨案专号》

◎ 近现代有关周水平的宣传品（附事略一份）

常熟博物馆藏。宣传品纵 13.5 厘米、横 10 厘米，下面中间印有周水平烈士身穿西服、头戴礼帽的风华正茂的半身像照，上端题字为"江阴农民运动领袖周水平烈士"，下端题字为"中国济难会全国总会印"，背面记述周水平烈士生平。《周烈士水平事略》是侯绍裘于 1926 年 4 月在苏州乐益女子中学时所撰，记载了周水平短暂的一生。藏品为周水平父亲周仲甫于 1956 年抄写的，文后另有周水平和其配偶夏静波的生平及埋葬地点等信息。

周水平（1894—1926），江苏江阴人，号刚直，又名树平，是江阴、无锡、常熟一带农民运动的先驱。

1925 年 9 月，常熟四乡虫害严重，农民收成锐减，但还要应付缴纳租米。周水平发起成立佃户合作自救会，提出当年租额减轻 25%。常熟、江阴、无锡三县农民纷纷入会。11 月，周水平被孙传芳部逮捕，1926 年 1 月以"宣传赤化罪"将其杀害于江阴。毛泽东在 1926 年 10 月出版的《向导》周报上发表了《江浙农民的痛苦及其反抗运动》一文，介绍了周水平的事迹。

"近现代有关周水平的宣传品（附事略一份）"为馆藏三级文物。

悼念周水平烈士的宣传品正面

侯绍裘撰写的《周烈士水平事略》手抄本

◎ 陈叔璇烈士临刑前照片

苏州革命博物馆藏。陈叔璇烈士临刑前照片共有 5 张，单张尺寸长 11 厘米、宽 8.8 厘米，是保存至今少有的烈士就义照片。

陈叔璇（1900—1929），出身于江阴陈家仓破落地主家庭，五四运动前后在上海读书时接受进步思想的影响，走上革命道路。1927 年 10 月，中共江阴县委成立，陈叔璇任中共江阴县委委员，参与领导指挥后塍、杨舍等地的农民武装暴动，国民党江阴县政府以 3000 元大洋赏格通缉。1928 年 4 月，陈叔璇由中共江苏省委派至常熟担任县委书记，不久担任中共淞浦特委委员。1929 年 5 月，陈叔璇回乡检查工作准备返沪时在班船上被捕，他受尽酷刑，始终不发一言。同年 7 月 23 日，陈叔璇被绑赴君山刑场从容就义，时年 29 岁。

2009 年 6 月，经江苏省文物局批准，由苏州博物馆统一移至苏州革命博物馆收藏。

2011 年 12 月，经江苏省文物局评审，定级为馆藏三级文物。

陈叔璇烈士临刑前照片

◎《劳动周报》

常熟博物馆藏。纵 38 厘米，横 26.6 厘米。16 开，共 14 期，出版于 1929—1930 年间，每期 4 版。发行者是中国劳动周报社，口号是"全世界劳动者联合起来"。每期内容有一个主题，如第 17 期为劳动大会特刊，第 24 期为纪念苏兆征特刊等。

"《劳动周报》"为馆藏三级文物。

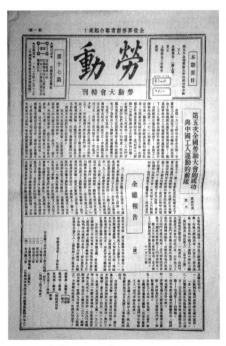 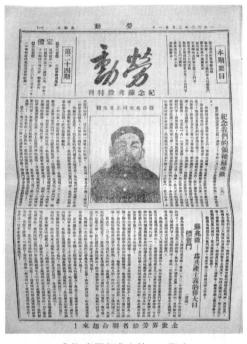

《劳动周报》（第 17 期）　　　　《劳动周报》（第 24 期）

◎ 常熟开文社印《尚友》杂志

常熟博物馆藏。纵27厘米,横39厘米。8开,铅印,1930年2月23日出版。刊头内容包括"《尚友》第一卷,第五期(中华民国十九年二月廿三日),常熟开文社代印。编辑者:常熟尚友社。每逢星期日发行。宗旨:黯示人生修养,唤起服务精神,促进社会进化"。刊头右侧为本期目次。

1927年,李建模与梅李、浒浦的一些进步青年组织成立具有进步倾向的文学社团——尚友社,1930年1月创办《尚友》周刊,由李建模、汪涵秋等人负责。它所刊载的内容涵盖了对社会乱象的批判、对生活的思考、对工友们的鼓励。第4版上有"嘤声"专栏。从办刊宗旨可以看出创办此刊的目的。

"常熟开文社印《尚友》杂志"为馆藏三级文物。

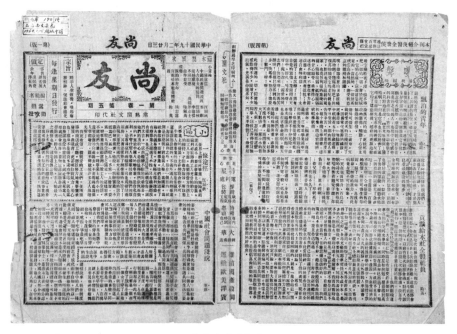

《尚友》周刊

◎ 李建模致朱钧英信札

常熟博物馆藏。该藏品为在上海陆同福布庄办事处工作的进步青年李建模寄给在常熟业勤染线厂工作的朱钧英的信件，一共10封。

李建模（1907—1945），常熟梅李人，1933年在上海投入抗日救亡活动，1934年加入中国共产党。日军侵占常熟后，他受中共江苏省委派遣，回常熟领导抗日斗争，是常熟人民抗日自卫队的创建人之一。1938年5月起，历任中共常熟县委书记、中共东路特委宣传部部长、东路经济委员会主任、新四军6师供给部部长、江南财经处处长兼惠农银行行长、苏浙皖边区经济委员会主任等职。在创建和巩固苏南抗日根据地的过程中，需要大量的经费和物资保障，李建模想方设法筹措资金，千方百计征集物资，精打细算合理分配，被誉为"苏南地区的理财能手"。1945年10月，李建模随新四军北撤，因长江渡轮沉没而遇难。

1927年，李建模赴上海工作，一年后考入上海立信会计夜校。在工作和学习的间隙，李建模依然关心家乡的社团发展。在信中，他们主要探讨尚友社的建设与发展问题，字里行间体现了革命先辈为革命事业呕心沥血的奉献精神。

"李建模致朱钧英信札"为馆藏三级文物。

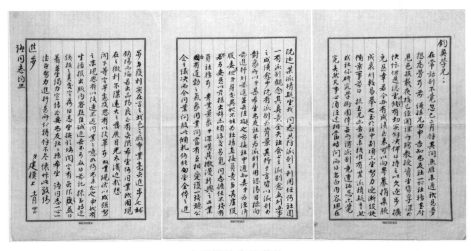

李建模致朱钧英信

◎ 艺丝社编《艺丝》杂志

常熟博物馆藏。纵 26.5 厘米，横 39 厘米。8 开，铅印。刊头内容包括"《艺丝》第六期（中华民国廿三年五月六日），艺丝周刊社编，编辑汪涵（秋），发行吴简白。宗旨：描写生活、研究文艺、探讨学术。社址：梅李西街廿六号"。刊头下方为本期要目。

1934 年春，常熟的进社成员和梅李、浒浦等地的进步青年，在梅李成立艺丝社。李建模为负责人。4 月 1 日，《艺丝》创刊，逢周日出版。刊物内容注重提倡乡土文学，宣传文学革命，抨击社会现状。由于该刊倾向进步，影响不断扩大，引起国民党反动派的注意，5 月 27 日出版第 9 期时，被国民党县党部勒令停刊。

"艺丝社编《艺丝》杂志"为馆藏三级文物。

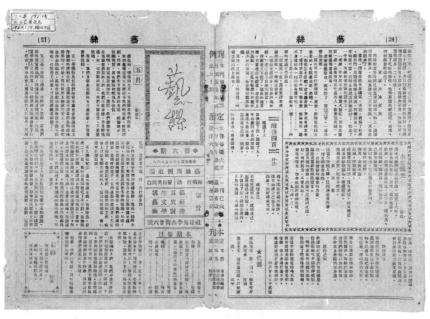

《艺丝》周刊

第四编 重要文物

◎ "全国各界救国联合会"案件审讯录

苏州革命博物馆藏。审讯录为手书油印册,长方形,竖本,长26厘米、宽17.5厘米,毛边纸、线装,共43页,字迹清楚,首尾页不齐全。

1936年5月31日,在中国共产党领导的抗日民族统一战线政策的影响下,全国18个省的60多个救亡团体代表成立了全国各界救国联合会。1936年11月,救国会领导人沈钧儒、李公朴、王造时、沙千里、邹韬奋、章乃器、史良等要求国民党政府停止内战,积极抗日,在沪被国民党当局以"危害民国"罪逮捕,后移押苏州江苏高等法院,造成震惊中外的"七君子事件"。此审讯录如实反映了"七君子"在法庭审讯中,从容不迫地同反动当局唇枪舌剑、开展斗争的事实。

2009年6月,经江苏省文物局批准,由苏州博物馆统一移至苏州革命博物馆收藏。

2011年12月,经江苏省文物局评审,定级为馆藏三级文物。

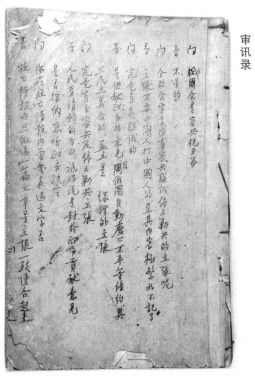

审讯录

◎ 民抗完粮证

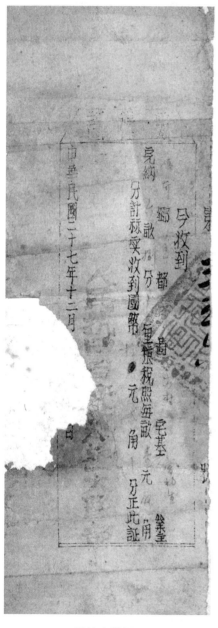

民抗完粮证

常熟博物馆藏。纸质，纵 26.2 厘米、横 9.7 厘米。时间为 1938 年 12 月。释文如下：今收到张乔（桥）乡廿五都□□图□□村宅基曹福生业主完纳六亩捌分一厘粮税，照每亩壹元伍角 分计算，实收到国币拾元贰角一分正，此证。中华民国二十七年十二月□日。印章"人民抗日自卫队第一大队部"。

1938 年秋收以后，浒浦、梅李一带的赵培芝、赵培芳部与日伪勾结，密谋收取高额租赋，并由日伪、地主和当地所谓的游击队平分。而民抗认为在歉收的情况下，租额应按实际收成计算并实行减租，由各地的抗日部队征收，坚决反对日伪收租。双方协商失败。民抗为维护农民利益，于 11 月至 12 月间，到何村、周行和王市等地的农村发动群众，保卫秋收。民抗所收粮赋为稻田每亩收 1.55 元（法币），棉田每亩收 0.7 元（法币）。不到半个月时间就完成了征收任务，共收近 1 万元。完粮证反映了民抗执行"二五减租"的粮赋政策，从百姓的利益出发，减轻农民负担，得到群众支持，为抗战做出了贡献。

"民抗完粮证"为馆藏三级文物。

◎ 江南抗日义勇军第三路军政治部印《告江南同胞书》

常熟博物馆藏。纵 26 厘米，横 26 厘米、手写体钢板刻印，29 列，800 多字，纸质泛黄，字迹清晰，为江抗第三路军政治部于 1939 年印制。

江抗是在苏南东路地区抗战的一支新四军部队。1939 年 2 月，周恩来来到皖南新四军军部传达党的六届六中全会精神，并商定了"向南巩固、向北发展、向东作战"的战略任务。陈毅坚决执行党中央方针，立即部署新四军 6 团向苏南东路地区东进的事宜。5 月 1 日，新四军 6 团在团长叶飞的带领下从茅山出发东进，使用的是"江南抗日义勇军"的番号。这件文物被推断为江抗东进时所印，用于在沿途向民众散发宣传，鼓舞民众抗日。

"江南抗日义勇军第三路军政治部印《告江南同胞书》"为馆藏三级文物。

《告江南同胞书》

◎ 刘飞的子弹

刘飞的子弹

苏州革命博物馆藏。子弹直径0.7厘米、高2.7厘米，外部已氧化。

1939年9月，江抗奉命西撤。途中与国民党忠义救国军在江阴顾山相遇，在一次双方抢占山头的战斗中，当时身为政治部主任的刘飞同志带头冲锋，不幸左胸中弹（离心脏仅1厘米），身负重伤，随即他便与30多个伤病员一起留在阳澄湖养伤。由于当时医疗条件有限，这颗子弹头未能及时取出，一直留在刘飞同志的体内长达45年之久，并跟随他经历了无数次战斗。直到1984年刘飞同志去世后，他的夫人朱一同志才将这颗子弹头取出。

1993年，苏州革命博物馆建馆征集文物时，朱一同志将刘飞体内的这颗子弹捐献给苏州革命博物馆，用于教育和激励更多的人。

2008年，经苏州市文物鉴定专业委员会评审，定级为馆藏三级文物。

◎ 新四军剧本《出发之前》

常熟博物馆藏。纵20厘米，横14厘米。

该剧本为油印本，由任钧创作，1940年2月20日江抗东路司令部服务团翻印。该剧取材于1938年2月江苏省立上海中学13位同学奔赴延安前夕的故事，其中，4位女同学在离沪前夕被家人扣留。此剧反映了追求光明的青年学生与封建思想浓厚的家长这两代人之间的冲突。

"新四军剧本《出发之前》"为馆藏三级文物。

新四军剧本《出发之前》
（油印）（封面）

新四军剧本《出发之前》（油印）（内页）

◎ 江抗部队枪械零件、修理工具

苏州革命博物馆藏。此套江抗部队枪械零件、修理工具共8枚，残锈。

1940年9月下旬，夏光率江抗第三支队，为袭击日伪据点，进入沙洲杨舍、鹿苑一带。5枚枪械零件为江抗部队在塘市设立的地下兵工厂所有，江抗北撤时，将这些零件埋在地下，新中国成立后被挖掘出来。另3枚老虎钳、锉刀等是地下兵工厂同志留在村民家中的。这组物件是江抗部队在苏州地区作战的珍贵见证。

2009年6月，经江苏省文物局批准，由苏州博物馆统一移至苏州革命博物馆收藏。

2011年12月，经江苏省文物局评审，定级为馆藏三级文物。

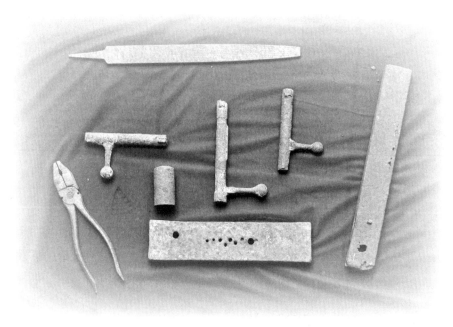

江抗部队枪械零件、修理工具

◎ 江南社编印《大众报》（刊有《新民主主义论》）

常熟博物馆藏。纵 38 厘米，横 27 厘米。

《大众报》于 1940 年 2 月 8 日在常熟徐市创刊，主要刊载各地抗战消息。发行对象为苏南东路地区的广大人民群众，发表的内容对时局分析针对性强。5 月 9 日，中共东路特委成立江南社，《大众报》和《江南》半月刊被并入江南社，成为党在苏南东路地区的机关报和机关刊物。

1941 年 2 月，江南社转移至澄锡虞地区。同年 7 月，日伪军发动"清乡"后，《大众报》停刊。

这份《大众报》为 1940 年 8 月 16 日出刊，8 开、2 版，铅印，用白色道林纸印刷，报头套红。第 1 版刊载了社论《再不要幻想》，第 2 版刊载了毛泽东《新民主主义论》文章的最后部分，以及副刊《大众园地》等。

"江南社编印《大众报》"为馆藏三级文物。

江南社编印的《大众报》

◎ 江南社出版《江南歌声》

常熟博物馆藏。纵 19 厘米,横 13.5 厘米。32 开,40 页,油印,为《江南歌声》第 3 集,1940 年 9 月由江南社出版,是一件反映中国共产党领导下的革命文化运动的实物史料。

江南社除编印党刊《江南》杂志和党报《大众报》外,还编印了不少宣传抗日和无产阶级革命的书刊,《江南歌声》即其中的一种。封面是一幅描绘新四军战斗场景的木刻画。书中转载了革命音乐家张曙所撰的《唱歌的声音与情感》一文,另有《怎样看简谱记号》一文。《江南歌声》共辑录中外革命歌曲 23 首。除《国际歌》外,另有《新四军军歌》《三大纪律八项注意》《抗大校歌》《陕北公学校歌》《太行山上》《国共合作进行曲》《赞美新中国》《壮丁上前线》《渡过这冷的冬天》《还政于民》《反扫荡》等中国革命歌曲 11 首,以及《红旗进行曲》《火犁进行曲》《游击队之歌》等苏联革命歌曲 10 首。

"江南社出版《江南歌声》"为馆藏三级文物。

江南社出版《江南歌声》
(油印)(封面)

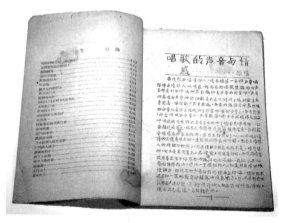

江南社出版《江南歌声》(油印)(内页)

◎ 江抗劳动战士荣誉奖章

常熟博物馆藏。长 4.4 厘米，宽 3.2 厘米。五边形，紫铜质地，正面为景泰蓝。上端图案是光芒四射的五角星，中间为飘扬的红旗与上着利刃的步枪相交叉，红旗上有"劳动战士荣誉奖章"字样。下端有"1940"和"江南抗日义勇军"字样。顶部有挂链，背面镌刻"109"编号。

江抗劳动战士荣誉奖章

新四军东路军政委员会成立后，在江抗、民抗控制区内掀起了一场群众性的"红五月"运动。军政委员会在运动中广泛宣传东路抗战十大工作纲领，帮助整顿和建立农民协会、青年协会、妇女协会、手工业联抗会及商民协会等群众团体。各地普遍掀起了参军、扩军的热潮。不到两个月，苏、常两地参加主力部队的就有 600 多人，参加地方武装的有 250 多人。还发展了一批党员，进一步建立了党的基层组织，使苏常太地区的各项工作出现了蓬勃发展的新局面。为奖励涌现出来的先进个人，时任中共东路特委代理书记的张英指派政治交通员康迪在上海定制了 200 枚江抗劳动战士荣誉奖章。

1995 年 9 月，"江抗劳动战士荣誉奖章"被定为馆藏二级文物。

◎ 新四军臂章

常熟博物馆藏。粗布缝制,长8.5厘米、宽6.5厘米。正面印有"N4A","N"是英文单词NEW(新)的第一个字母,"A"为英文单词ARMY(军队)的第一个字母。背面印有"国民革命军陆军新编第四军苏中军区,尽忠职务,严守纪律,实行主义,完成革命。字第2064号,一九四□年度佩用"字样。

此款臂章为1941年1月新四军军部在江苏盐城重建后所使用的款式。抗战胜利后不久,该新四军臂章不再使用,启用中文"新四军"字样的新臂章。

"新四军臂章"为馆藏三级文物。

新四军臂章

◎《常熟县人民抗日自卫会通告》

常熟博物馆藏。纵74厘米，横52厘米。纸质泛黄，已有多处破损，用毛笔书写，全文13列，近400字。最后盖有"常熟县人民抗日自卫会"的红色印鉴及任天石的手写签名。《常熟县人民抗日自卫会通告》（简称《通告》）阐述了常熟县人民抗日自卫会自成立以来在抗日斗争、维护地方秩序等方面发挥的重要作用，以及当前的形势，并宣告将常熟县人民抗日自卫会改组为常熟县政府。发布日期为1941年2月。

《通告》是常熟市文物管理委员会于1979年从珍门公社征集所得，一户农民在翻建老屋时发现于墙壁中。《通告》中出现的"正政治部"文字，看来是"江抗政治部"文字之误，又有"二月日日"之误，故判断当时为确保《通告》颁发的严肃性，这份文字有误的《通告》因不能在外张贴而得以完好保存。

1995年9月，"《常熟县人民抗日自卫会通告》"被定为馆藏二级文物。

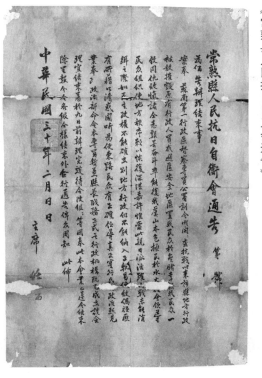

《常熟县人民抗日自卫会通告》

◎ 弹词材料《拥护新四军》

常熟博物馆藏。纸质，纵33厘米、横25厘米，油印。全篇由60句唱词组成，计600字左右，从1937年卢沟桥事变落笔，至1941年春苏常太地区开展民主建政止。其中提到的重要事件有七七事变、创建新四军、江抗东进、皖南事变、民主建政等，反映了常熟本地乃至苏南地区的抗战历史。开篇全文以历史发展为脉络、以宣传抗日为宗旨、以歌颂新四军为主线，以"我呢老百姓"为第一人称，读来朗朗上口，发挥了团结人民、教育人民的重要作用。

"弹词材料《拥护新四军》"为馆藏三级文物。

《拥护新四军》弹词

◎《东进报》

常熟博物馆藏。纵 35.5 厘米，横 25 厘米。馆藏有 5 份《东进报》，均为地方版，东进社编印，分别为第□期（1941 年 2 月 6 日）、第 22 期（1941 年 3 月 10 日）、第 36 期（1941 年 4 月 10 日）、第 43 期（1941 年 5 月 1 日）和第 54 期（1941 年 7 月 1 日）。

《东进报》分为部队版和地方版。《东进报》部队版系军内报纸，1940 年 4 月成立江南抗日救国军东路指挥部后，由政治部负责编印。《东进报》地方版是 1940 年秋谭震林领导的江抗部队从苏常太地区西进开辟澄锡虞地区后创办的报纸。

《东进报》与《大众报》是江南东路地区的两份"姐妹报"，《大众报》以苏常太地区为主，《东进报》则以澄锡虞地区为主。《东进报》的前身是油印的《电讯报》，后正式定名为《东进报》，并改为铅印出版。地方版用了《东进报》部队版陈毅手书的报头，每期为 8 开 2 张 4 版。由于身处敌后，移动频繁，出报时间不定。1941 年 5 月停刊。

"《东进报》"为馆藏三级文物。

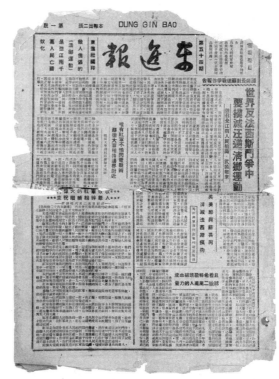

《东进报》（第 54 期）

◎ 陈毅题《东进报》报头

常熟博物馆藏。

1941年7月,陈毅在接见江南参观团时,为参观团中的《东进报》题写了新的报头。然因时势变化,新报头未能使用,手迹由主编肖湘保存。在革命战争的艰难岁月里,肖湘将手迹各字分别裁开,缝在棉衣中,南征北战时亦携带在身边。新中国成立后,肖湘又将手迹裱贴在白纸上珍藏。

1995年9月,"陈毅题《东进报》报头"被定为馆藏二级文物。

陈毅题写的《东进报》报头

◎"沙洲县干西区署钤记"木章、"沙洲县干西区署"条戳

常熟博物馆藏。木章长 5 厘米,宽 5 厘米,高 3.5 厘米。条戳长 9 厘米、宽 1.5 厘米、高 3.5 厘米,文字竖排。

1941 年 2 月,沙洲县抗日民主政府成立,6 月沙洲县东区行署以二干河为界划分为在山区(二干河以东)、干西区(二干河以西)。1962 年设立沙洲县,1986 年 9 月 16 日撤县,设立张家港市。这是抗战时期沙洲县干西区的政府印章。

"'沙洲县干西区署钤记'木章、'沙洲县干西区署'条戳"为馆藏三级文物。

"沙洲县干西区署"条戳 1

"沙洲县干西区署钤记"木章 1

"沙洲县干西区署"条戳 2

"沙洲县干西区署钤记"木章 2

◎ "沙洲县干西区牛市乡乡公所钤记" 木章

常熟博物馆藏。木章长 4.4 厘米，宽 4.4 厘米，高 3 厘米。

1941 年 2 月，沙洲县办事处撤销，沙洲县抗日民主政府公开成立。同年 6 月，沙洲县东区行署以二干河为界划分为在山区、干西区。乡公所为官署名，即乡政府。依照 1939 年 9 月 19 日公布的《县各级组织纲要》的规定，县以下的组织为乡（镇），乡（镇）内的编制为保甲。设乡长、副乡长各一人，处理乡中事务。这是沙洲县干西区牛市乡乡公所的行政用章。

"'沙洲县干西区牛市乡乡公所钤记'木章"为馆藏三级文物。

"沙洲县干西区牛市乡乡公所钤记"木章 1

"沙洲县干西区牛市乡乡公所钤记"木章 2

◎"里睦区徐市乡食粮合作社印"章

常熟博物馆藏。木质,阳文篆字,印的上端4厘米见方,下端4.5厘米见方,高2厘米。这件文物是苏常太抗日游击根据地经济工作的实物见证。

里睦区是苏常太抗日游击根据地设置的一个行政区划,范围包括今徐市及碧溪、吴市的部分地区。根据地举办的合作社,大体上有消费合作社、食粮合作社和生产合作社3种。

消费合作社由群众集资入股后,成批购进日用消费品,再将其销售给社员。由于利润较小,商品价格明显低于一般商店,极受群众欢迎。年终稍有盈余,则按股分红。

食粮合作社大多建立在产棉地区,开辟粮食购入渠道,同时调节社员间的余缺。粮价通常较市场价低,并能在较大程度上保证粮源,对安定人民生活起到了积极作用。

生产合作社办起来的不多,主要是梅李、徐市两地的花边合作社,何市、梅北两地的养鱼合作社,以及苏州县的一个戽水机利用合作社。

"'里睦区徐市乡食粮合作社印'章"为馆藏三级文物。

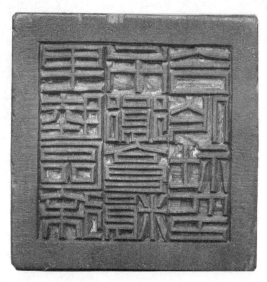

"里睦区徐市乡食粮合作社印"章

◎ 丁树范书信

常熟博物馆藏。纵 26.4 厘米,横 17.3 厘米。纸质,共 4 页。

丁树范(1905—1941),常熟徐市人,曾任常熟县吴里区经济股股长。1941 年日伪发动"清乡"时,丁树范因叛徒出卖被捕,被关押在江苏省第三监狱,后被杀害于西园,时年 36 岁。这些书信是丁树范被关押时分别写给母亲、妻子、姐姐的家书。

"丁树范书信"为馆藏三级文物。

丁树范书信

◎ 茆春华烈士烟盒、砚台

苏州革命博物馆藏。烟盒长8.8厘米，宽7.4厘米，铁质。砚台长11厘米、宽7.5厘米，石质。

茆春华（1909—1942），原名茆立贵，常熟浒浦人。1934年下半年加入中国共产党。1938年下半年，茆春华与中共常熟县委取得联系，对做好地方武装吴文信部的统战工作及以后江抗对吴部的收编起到了重要作用。常熟县抗日民主政权成立后，他任军事科副科长、常熟县自卫队总队部副总队长。1941年夏，日伪军发动"清乡"，他突围至上海。同年10月24日，因被人出卖，遭日军逮捕，敌人用尽酷刑，他坚贞不屈。1942年1月2日，茆春华牺牲于支塘。

2009年6月，经江苏省文物局批准，由苏州博物馆统一移至苏州革命博物馆收藏。

2011年12月，经江苏省文物局评审，定级为馆藏三级文物。

茆春华烈士遗物——烟盒

茆春华烈士遗物——砚台

◎ 周洁民狱中书信

常熟博物馆藏。纵9厘米、横14厘米，纸质。明信片正面有邮戳，分别是"吴县（苏州）、三月廿七／十三"，"江苏、三月廿八、常熟"，"江苏、三月廿九、□□"；收件人处为"常熟浒浦口交溥渊茶楼烦转周文海先生启"；寄件人处为"苏州司前街第三分监，周械，三月念（廿）七日"。背面是信件原文，署名是周洁民。

周醒民（1916—1942），化名周洁民，常熟浒浦人。1939年，周洁民加入中国共产党，曾任雪长区区委书记、常熟县各界人民抗日联合会主席。1941年7月，在反"清乡"斗争中被捕，次年7月被日伪军杀害于苏州狱中。这张明信片是他被关押在江苏省第三监狱时写给父亲周文海的信，诉说监狱中的艰苦生活。

"周洁民狱中书信"为馆藏三级文物。

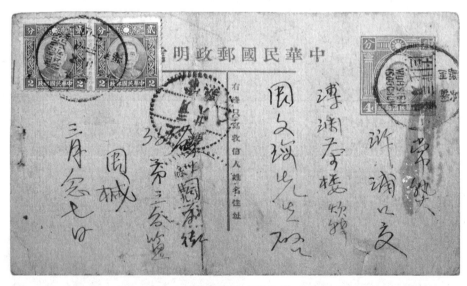

周洁民狱中书信信封

◎ 仲国鋆医寓

苏州革命博物馆藏。藏品共10件，为一套，包含写字台1只、医用立橱1只、榉木茶几1只、榉木靠背1只、藤椅1只、捣药石臼1只、熬药锅炉1套（2件）、医用消毒盒1只、印花镜子连框2块、医寓木门1套（4扇）。

仲国鋆1940年11月加入中国共产党，1942年10月任中共苏州县委特派员，在苏州城内建"刘寿华医寓"，以行医为掩护，寻找失去联系的党员，为恢复苏常太地区的工作做准备。他先后同30多名党员和统战对象接上关系，并组织因反"清乡"突围到苏州的同志开展游击活动。1945年3月，仲国鋆不幸落入日寇之手，他受尽各种酷刑，仍坚贞不屈，保守党的秘密。同年8月被救出。

1993年，他的后人将当时医寓的部分用品捐献给苏州革命博物馆。

2011年12月，经江苏省文物局评审，定级为馆藏三级文物。

仲国鋆医寓

◎ 新四军战利品（日本军旗）

常熟博物馆藏。纵 70 厘米，横 80 厘米。在白布中间印有血红色的太阳，俗称"太阳旗"。旗面左侧有"松山市唐人町"等文字，右侧有"皇军""报国""至诚""忠勇""必胜"等字眼。下侧有"视出征"文字。四周书写了 30 多个日本人的姓名，其中有中队长、曹长、教官等职务。从旗上文字可判定这是一面兵员来自日本本土松山市唐人町的某个中队的军旗，是军队在出征前专门制作的。此旗是抗日战争时期我地方抗日武装在一次从杨舍通往福山间的公路伏击战中缴获的。

"新四军战利品（日本军旗）"为馆藏三级文物。

新四军战利品（日本军旗）

◎ 李白区工联会证章

常熟博物馆藏。圆形，紫铜质地，重7克，直径3厘米。证章正面中间铸有圆环，环径1.5厘米。环内镌刻隶书"工"字。环外，上端铸有"李白区工联会"字样；下端底部镌刻"证章"二字，两侧对称镌有五角星各1颗。证章背面镌有"100"数码，章的顶端留有挂链。

李白区系抗日战争时期苏常太抗日游击根据地内的一个行政区域，范围大致包括今之白茆镇的大部，以及任阳、唐市、支塘的小部地域，并从区内"李市""白茆"两个集镇名中各取一字而命名。工联会是职工联合会的简称，是中国共产党领导下的职工抗日群众团体，它以团结职工抗日救国和谋求职工福利为宗旨。

"李白区工联会证章"为馆藏三级文物。

李白区工联会证章正面　　　　　李白区工联会证章背面

◎ 李建模烈士亲笔信

苏州革命博物馆藏。信封长 17 厘米，宽 8.5 厘米；信纸长 24.5 厘米，宽 16.8 厘米，共 2 页。信封文字和邮戳反映了此信为 1943 年 10 月，由张渚镇寄往常熟梅里（李），信件字迹清楚、内容完整。

2009 年 6 月，经江苏省文物局批准，由苏州博物馆统一移至苏州革命博物馆收藏。

2011 年 12 月，经江苏省文物局评审，定级为馆藏三级文物。

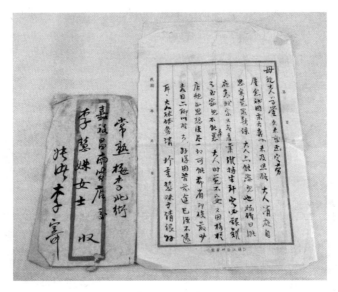

李建模烈士亲笔信

◎《江南新四军北移告别民众书》

常熟博物馆藏。

1945 年 9 月,为表和平诚意,中共中央在同国民党的和平谈判中做出重大让步,同意将浙东、苏南、皖南等 8 个解放区的新四军部队分别撤到长江以北。"双十协定"公布后,中共苏中六地委决定,除留陈刚带领一支武工队原地坚持斗争外,苏常太工委的其余人员及县区武装和干部一律北撤。

10 月 1 日,新四军政治部发布《告别民众书》。告别书中解释了北撤是"为了制止敌伪和反动派的阴谋,为了避免内战,实现全国和平团结",并在最后指出:"我们这番暂时和你们告别,在离你们不远的江北,就有很多强大的解放区,我们将全心全力地支持你们,你们决不孤立!"

"《江南新四军北移告别民众书》"为馆藏三级文物。

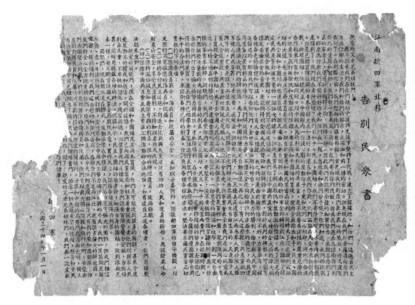

《江南新四军北移告别民众书》

◎ 茆慰农日记

常熟博物馆藏。

茆慰农（1916—1945），原名立庆，又名茆健群，常熟浒浦人，中共党员。1945年8月在围攻苏北兴化城的战斗中牺牲，年仅29岁，当时任新四军团参谋长之职务。《自由日记》用钢笔端正地书写在一册棕红色硬封面、64开本的日记本上，有3万多字，是1944年下半年至1945年年初，他在华中党校参加整风学习时写下的。《自由日记》分成四个部分：一是家庭生活幼年时代，二是社会活动时期，三是参加革命时期，四是现阶段的自我总结。

茆慰农日记

茆慰农少年时代家境宽裕，7岁时就读于私塾，由于他天资聪颖、读书勤奋，学业届于人前，经常受到老师和乡邻的称赞。大革命时期，家乡浒浦驻有北伐军，他十分羡慕一些年轻有为的军官，憧憬着将来也能成为一名报效国家的军官。他在《自由日记》中写道："十二三岁时，家乡有北伐军驻扎，许多军官很喜欢我们到他营里去玩，常和我们谈及怎样与军阀作战的故事。当时见到一些军官很年轻，又是学生出身，纪律很好，与人民关系很融洽，内心对他们很羡慕。""上述环境影响到我当时的思想、个人的前途，将来很想做一个青年军官。知道除了家庭之外，还有一个国家。"这些都体现了他从少年时代就具有报国之志。

"茆慰农日记"为馆藏三级文物。

◎ 吴县私立文心图书馆长方章、圆章

苏州革命博物馆藏。长方章长6.2厘米，宽2.7厘米，高1.5厘米。圆章底直径3厘米，高5.8厘米。

1945年10月，中共苏常太工委苏昆段特派员徐懋德与唐崇侃、吴石牧等一起，在护龙街因果巷口的吴石牧家开办了文心图书馆，通过借阅书报、编辑刊物传播革命思想，团结教育青年，培养积极分子，发展党的组织。

2009年6月，经江苏省文物局批准，由苏州博物馆统一移至苏州革命博物馆收藏。

2011年12月，经江苏省文物局评审，定级为馆藏三级文物。

吴县私立文心图书馆长方章、圆章

◎ 秦大刚（江）烈士遗物布鞋底、卫生衫

苏州革命博物馆藏。布鞋底长24厘米，宽6厘米。卫生衫长35厘米，宽70厘米（折叠）。

2009年6月，经江苏省文物局批准，由苏州博物馆统一移至苏州革命博物馆收藏。

2011年12月，经江苏省文物局评审，定级为馆藏三级文物。

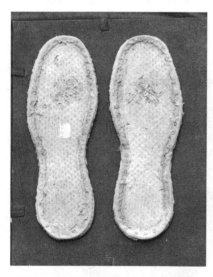

秦大刚（江）烈士遗物——布鞋底

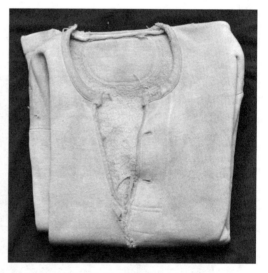

秦大刚（江）烈士遗物——卫生衫

◎ 炮兵连王福庚入党志愿书

常熟博物馆藏。纵 14 厘米,横 10.5 厘米。苏中军区政治部组织部制,封面上方是一幅版画。志愿书中记录了王福庚于何时何地如何入伍,以及他的工作经历、参加过什么重要战斗等内容。

"炮兵连王福庚入党志愿书"为馆藏三级文物。

炮兵连王福庚入党志愿书封面

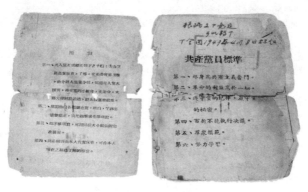

炮兵连王福庚入党志愿书内页

◎ 炮兵连王福庚中共临时党员证

常熟博物馆藏。纵 11 厘米,横 8.4 厘米。此证由华东野战军政治部 1947 年 4 月 1 日制定,"使用规定"中称"只限于负伤之党员入院时过临时组织生活使用"。由时任华东野战军第四纵队 10 师 29 团炮兵连的王福庚于 1948 年 5 月 14 日填写,当时他 23 岁。后附《战时党员守则》十二条内容。

"炮兵连王福庚中共临时党员证"为馆藏三级文物。

炮兵连王福庚中共临时党员证封面

炮兵连王福庚中共临时党员证封底

◎ 周志敏烈士遗物碗、衣服

苏州革命博物馆藏。碗直径22厘米。衣服为棉质衬衫。

2009年6月，经江苏省文物局批准，由苏州博物馆统一移至苏州革命博物馆收藏。

2011年12月，经江苏省文物局评审，定级为馆藏三级文物。

周志敏烈士遗物——碗

周志敏烈士遗物——衣服

◎ 任天石皮带、军刀

常熟博物馆藏。

任天石（1913—1948），原名任启生，常熟梅李人，出身于中医世家。抗战爆发后，任天石弃医从戎，筹建抗日武装，是常熟人民抗日自卫队的创建人兼任司令。他关心群众疾苦，深得群众爱戴，百姓称其为"老天"，称民抗部队为"老天部队"。1939年，任天石加入中国共产党。任天石历任常熟县人民抗日自卫会主席、中共常熟县委书记、苏南第一行政区督察专员公署专员等职。1941年7月，日伪军发动"清乡"，任天石参与领导了反"清乡"斗争。1942年，任天石领导苏常太地区的恢复工作。1947年1月，因叛徒出卖，任天石在上海被捕，1948年牺牲于南京。

"任天石皮带、军刀"为馆藏三级文物。

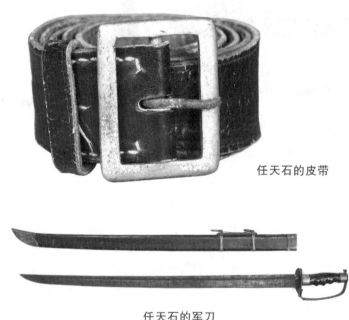

任天石的皮带

任天石的军刀

◎《战时党员守则》

常熟博物馆藏。纵4.8厘米，横9.5厘米。双色套印，封面题"战时党员守则"，以线条刻画了一个士兵持枪的图案，左下角印"九二大队'政'印"。左侧用蓝色钢笔书写了"第二小组"四字，应是当时物主所在部队的组号。守则内容以图文结合的方式呈现，生动形象，让人记忆深刻。

"《战时党员守则》"为馆藏三级文物。

《战时党员守则》

◎ 中国人民解放军第三野战军政治部编《入城纪律手册》

常熟博物馆藏。纵 13 厘米、横 9.3 厘米，纸质。《入城纪律手册》由常熟市委宣传部翻印，包括《中国人民解放军布告》《入城守则》《三大纪律八项注意》三部分内容，以此作为解放军入城后的行动准则。

《入城纪律手册》语言朗朗上口，便于记诵，在渡江战士中间广为流传。读之，既可以看到中国人民解放军纪律严明的优良作风，也可以看到当时政治工作形式的生动活泼。经过学习和教育，解放军进驻各城市后纪律严明，赢得了社会各界的信任，为接管城市、管理城市、经营城市、发展生产打下了很好的基础。

"中国人民解放军第三野战军政治部编《入城纪律手册》"为馆藏三级文物。

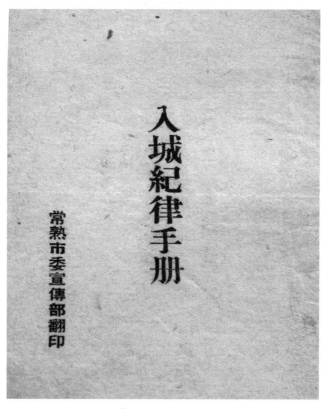

《入城纪律手册》

◎ 渡船钢板

苏州革命博物馆藏。钢板为矩形，高170厘米、宽60厘米，上面留有弹孔。

1949年4月下旬，中国人民解放军在强渡长江的战斗中征用了大量的民船。船工张氏兄弟为保护船上的解放军，在渡船上放置钢板以阻挡敌人的子弹。1993年苏州革命博物馆建馆时，从张家港一农民家里征集到这块钢板。

2008年，经苏州市文物鉴定专业委员会评审，定级为馆藏三级文物。

渡船钢板

◎ 收音机

苏州革命博物馆藏。收音机主体为木质结构,保存较完好。

1948年10月,中国民主同盟苏州地下支部成立,中共苏州工委通过地下党员许甫如、蒋赉与民盟苏州支部成员金琪、黄肇模等取得联系,相互配合,成了同盟军。当时,为了更好地进行宣传,尽快地把解放区的声音传递过来,黄肇模(化名杨筑伦)卖掉家中的红木家具,筹得二两黄金。由于当时收音机还是相当稀奇的东西,为了不引起国民党特务的注意,黄肇模特地请熟悉的人买来配件,再组装成一台能收短波的收音机,秘密收听解放区电台。

1949年4月27日清晨,苏州宣告解放。民盟苏州支部依靠《苏报》馆职工,印刷出版了《光明报·号外》,以"苏州新历史的第一页,人民解放军进城"的大号标题报道了苏州人民欢迎解放军进城的热烈场面,并刊出了民盟苏州支部的《告苏州同胞书》。4月28日,《光明报》第6期(新一号)出版,刊出《告苏州教育界人士书》。两期报纸刊载的解放战争的其他胜利消息都来自这台收音机。

2009年,民盟苏州市委将这台收音机捐赠给苏州革命博物馆收藏。

2011年12月,经江苏省文物局评审,定级为馆藏三级文物。

收音机

◎ 人民解放军苏常昆太武工队臂章

常熟博物馆藏。臂章为红色麻布,纵12.7厘米、横18厘米,印有"人民解放军苏常昆太武工队"字样。

1944年9月,苏常太武工队成立,朱英任大队长。1945年10月,根据"双十协定",苏常地区的新四军北撤。11月18日,新四军苏常昆太武工队成立,陈刚兼任队长。1948年8月,陈刚离开常熟去苏北任职,苏常昆太武工队由朱英领导。1949年4月27日,朱英带领苏常昆太武工队进入常熟县城,宣告常熟解放。入城后,武工队队员佩戴红色臂章在常熟城区站岗放哨、维持秩序,常熟人民迎来了崭新生活。

"人民解放军苏常昆太武工队臂章"为馆藏三级文物。

人民解放军苏常昆太武工队臂章

◎（周文在）中华人民共和国三级八一勋章（附绶带）、中华人民共和国二级独立自由勋章（附绶带）、中华人民共和国一级解放勋章（附绶带）、中国人民解放军一级红星功勋荣誉章（含证书）

常熟博物馆藏。

周文在（1906—1994），出身于常熟一个开明、进步的知识分子家庭。在学生时代，周文在积极参与各种反帝爱国斗争，并在五卅运动时期加入中国共产党。1926年2月，周文在与另一名共产党员李强，以及两名共青团员，组建了常熟第一个党组织——中共常熟特别支部（党团混合）。1926年8月，周文在考取黄埔军校第六期。1927年四一二反革命政变后，周文在辗转来到武汉，在贺龙部队当连政治指导员，并随军参加了南昌起义。后来，周文在又回到常熟，继续参加革命活动。抗战初期，周文在担任六梯团政治处主任，后经努力，他成功将六梯团改造为一支由党领导的抗日武装。1955年，中国人民解放军首次实行军衔制，周文在被授予少将军衔。他是苏州地区唯一一个开国将军，也是江苏籍开国将军中最早参加革命的。

2011年12月，周文在将军所荣获的四枚勋章被定为馆藏二级文物。

中国人民解放军一级红星功勋荣誉章

中华人民共和国一级解放勋章

中华人民共和国二级独立自由勋章

中华人民共和国三级八一勋章

副编 其他遗址

张家港市

◎ 恬庄"千人坑"纪念地

恬庄"千人坑"纪念地位于张家港市凤凰镇恬庄村兴隆桥塇西侧。

抗战时期,张家港地区因地处长江口南岸,成为日军沿长江口向内地进攻的必经之地。1937年8月,日军入侵张家港境内。同年11月20日晨,日军在恬庄集镇施暴。恬庄集镇的饭店、药店、鸟笼店的业主和家属、雇工,以及难民、筑路工人等200余名无辜群众惨遭日军杀戮。11月22日,日军撤离恬庄,村民把散在各处的无主尸体共108具全部运到恬庄集镇北街外兴隆桥塇,将其埋进废弃的防空壕内。因其中一名福山女性被家人收尸回福山老家,坑内实有尸体107具。后人称其为"千人坑"。

2009年6月,恬庄"千人坑"纪念地被列为张家港市首批革命纪念地之一。

恬庄"千人坑"纪念地

◎ 毋忘国耻纪念碑亭

毋忘国耻纪念碑亭位于张家港市塘桥镇青龙桥小外滩公园内。

1938年8月21日,侵华日军以搜捕游击队为名,分三路包围塘桥集镇,把赶集的300多名乡民押至镇东街梢牛尾巴湾的大水沟上逐个盘查审问,并当场杀害34名无辜民众。这是侵华日军在张家港境内犯下的一桩滔天罪行,后人称"牛尾巴湾惨案"。

1995年8月15日,纪念碑亭落成。碑亭为四角形,长、宽各3米,高3.5米。亭中竖碑,花岗石质,碑正面刻有"毋忘国耻"4个大字,背面记录侵华日军在塘桥的暴行。碑亭前有一块面积为170平方米的广场。

2009年6月,"牛尾巴湾惨案"纪念地被列为张家港市首批革命纪念地之一。

毋忘国耻纪念碑亭

常熟市

◎ 五四运动时期常熟学生联合会成立大会会址

五四运动时期常熟学生联合会成立大会会址位于常熟市虞山街道西门大街北侧石梅广场。

1919年，五四运动在北京爆发，消息传到常熟，常熟青年随之响应。5月28日，常熟学生联合会在现石梅广场上的县立图书馆内成立。常熟学生联合会成立后，编印进步刊物，组织集会演讲，掀起声援五四运动的热潮。

会址系二层西式楼房。新中国成立后，该处曾做过常熟市政府机关办公用房，现由常熟市图书馆使用。1982年，五四运动时期常熟学生联合会成立大会会址被常熟县政府公布为县级文物保护单位，后升级为市级文物保护单位。

五四运动时期常熟学生联合会成立大会会址

梅李聚沙园内的抗日碉堡

◎ 梅李抗日碉堡（群）

梅李抗日碉堡有两座：一座位于梅李镇聚沙园内，另一座位于梅李镇梅轧大桥东堍。

碉堡系1936年国民党第五军87师522团2营驻防梅李时，为防御日本侵略者所建。碉堡为钢筋混凝土结构，长2.6米、宽2.2米、高2.5米，壁厚0.3米左右，虽经70余年风雨，仍保存完好。

2007年，聚沙园内的碉堡被公布为常熟市文物保护单位。

◎ 辛庄抗日碉堡（群）

辛庄抗日碉堡（群）位于常熟市辛庄镇境内。

辛庄抗日碉堡（群）为国民党第五军 87 师（副师长王敬久）构建的吴福防线的一部分，现存 4 座，碉堡呈长方形，南北长 5 米、东西宽 4 米、高 3 米。墙壁三面厚度各 0.5 米，正面枪眼处的墙体厚度达 1 米。整座碉堡为钢筋混凝土结构。

现存的 4 座碉堡所处方位和现状为：华欣村南埭 2 组 1 座，位于市级河道蛇泾河南岸，保存完好；华欣村南埭 6 组 1 座，面对湘城塘，保存完好；合泰村新南坝外头 1 座，面对七浦塘，上部被损毁；合泰村新南陆申泾北 1 座，面向昆承湖南入口的陆申泾河，只有底座，上部已全部损毁。

辛庄镇华欣村抗日碉堡

福山殿山碉堡

◎ 福山殿山碉堡

福山殿山碉堡位于常熟市海虞镇福山村殿山山顶。

紧依长江的福山镇（现属海虞镇），从东晋咸康七年（341）至唐武德七年（624）为南沙县、常熟县县治。殿山位于福山集镇西北，山丘高35.3米，与长江北岸的南通狼山隔江相望。两山夹江，一向为封锁长江的军事要地，历有总兵驻守，筑有坚固的工事。殿山碉堡是吴福防线国防工事的一部分。

◎ 毋忘国耻碑

毋忘国耻碑位于常熟市碧溪街道徐六泾口。

1937年11月13日,日军从常熟沿江各口岸登陆,侵入常熟。11月19日,常熟沦陷。为铭记国耻、警示后人,常熟市政府于1991年11月建造该碑,1993年11月13日举行揭幕仪式。该碑呈古钟造型,碑名"毋忘国耻",由原新四军6师18旅旅长江渭清手书,背面为常熟市政府所撰碑文。2018年,碧溪街道在碑旁建宣传栏,简要介绍常熟沦陷及抗战历史。

1995年,毋忘国耻碑被公布为苏州市德育教育基地。

毋忘国耻碑

太仓市

◎ 七丫口——淞沪抗战反登陆战遗址

淞沪抗战反登陆战遗址位于太仓市浮桥镇长江沿岸七丫口。

七丫口地处七浦塘与长江交汇处，明清时期屡遭倭寇窜犯，为太仓长江沿岸历史海防要地。七丫口北侧的云山塔为当地居民抗倭胜利纪念遗迹。1986年，云山塔被公布为太仓县文物保护单位，后变更为太仓市文物保护单位。

1932年，淞沪抗战爆发。中国军队英勇奋战，粉碎日军多次攻击。同年2月29日，日军援军抵达上海，改变战术，利用舰载兵机动优势，欲从太仓境内的长江沿岸登陆，包抄我军将士后路，欲将其置于绝地。3月1日拂晓，日军20余艘战舰及大量马达船驶入太仓七丫口后，用舰炮向沿江地区猛烈轰击，并以数十架飞机掩护步兵登陆。我军守军教导总队一部及部分冯庸大学抗日义勇军在当地民众保卫团、公安第三分局巡士的配合下奋勇迎战，拼死搏斗，杀敌三四十人，击沉敌军马达船3艘，终因寡不敌众而败退。下午，增援太仓的国民革命军先后在茜泾、浏河与日军进行激烈决战。七丫口反击日军登陆战斗为国民革命军增援太仓赢得了宝贵的时间，以其在淞沪抗战中的特殊作用，在中华民族抗击外侮的战史上留下了不可忘却的一页。

七丫口

七十二家村新貌

◎ 七十二家村——淞沪会战长江反登陆战遗址

淞沪会战长江反登陆战遗址位于太仓市浏河镇浏南村长江浏河口南沿岸七十二家村。

七十二家村是太仓沿江的一个自然村落。自明代起，在浏河口南侧进行海塘开发、定居的农户渐渐增多，有72户，将其连成一村，以"七十二家"为村名，一直沿用至今。明清时期，七十二家村屡有倭寇登岸侵扰。村东侧江堤的阅兵台为宋建炎四年（1130）抗金名将韩世忠驻时所筑，留存的三方（四种，其一为双面碑）碑刻真实记载了抗金抗倭的史迹。

1937年，淞沪会战爆发。日军在淞沪正面战场难以得逞的情况下，集中主力在上海北侧太仓沿江地带强行登陆。日军屡次妄想从七十二家村附近的浏河口及南侧川沙口登陆，均遭我军强力反击，予以击退。七十二家村成为淞沪会战中太仓境内长江沿岸反登陆战的主战场。其间，日军对七十二家村等沿江村庄烧杀掳掠，制造了"七十二家村惨案"。

七十二家村等长江沿岸地区的一线爱国官兵浴血奋战，多次击退日军登陆，保护了淞沪战场北翼的安全。

◎ 吴健雄墓园

吴健雄墓园位于太仓市明德初级中学内。

吴健雄（1912—1997），江苏太仓人，美籍华人，著名的核物理学家，被誉为"东方居里夫人"。1994年，吴健雄当选为中国科学院首批外籍院士。1997年，吴健雄在美国纽约逝世。

吴健雄墓园占地1372平方米，由三部分组成，西部为墓园的主体部分；中间是一个圆形的瞻仰平台，平台东侧有一环形花坛，墓穴面向花坛；东部是一环形照壁，照壁上有杨振宁教授亲自题写的"吴健雄墓园"5个绿色大字。整个墓园处于树木和花卉的怀抱之中。

2005年，吴健雄墓园被公布为苏州市爱国主义教育基地。

吴健雄墓园

◎ 吴健雄陈列馆

吴健雄陈列馆位于太仓市科教新城健雄路1号苏州健雄职业技术学院吴园。

陈列馆由诺贝尔奖获得者李政道题写馆名，收藏并展出了吴健雄生前使用过的物品及人生各阶段的珍贵图片，展示了其鲜明的人物特性和杰出贡献，弘扬了以爱国主义为底色的科学家精神。

陈列馆先后被公布为中国华侨国际文化交流基地、江苏省华侨文化交流基地、江苏省科普教育基地、江苏省高校统一战线同心教育实践基地、苏州市首批时代精神教育基地、苏州市爱国主义教育基地、苏州市科普教育基地、苏州科学家精神教育基地等。

吴健雄陈列馆展厅

昆山市

◎ 陈三才故居

陈三才故居位于昆山市锦溪镇敦和里。

陈三才（1902—1940），出生于昆山市锦溪镇。他勤奋好学，成绩优异，被保送清华大学，后赴美国留学深造，在学界、商界颇有建树。学业修成后，本着实业救国的理想，陈三才从美国回上海办企业。1932年一·二八事变后，日寇悍然进攻上海，陈三才认识到光靠实业救国是行不通的，于是积极参加抗日活动，出钱出力。抗战期间，陈三才参与行刺汉奸汪精卫行动，事泄后被捕，1940年10月于雨花台英勇就义，时年38岁。

陈三才故居

2020年9月2日，退役军人事务部公布《第三批著名抗日英烈、英雄群体名录》，陈三才名列其中。

陈三才故居属于清代建筑，现存堂楼3座，坐东朝西，建筑面积949.03平方米，院内有混水门楼1座，是昆山市文物保护单位。

◎ 俞楚白宅

俞楚白宅位于昆山市玉山镇亭林路108号。

俞楚白（1898—1955），昆山玉山人，著名的土木工程师。1947年，俞楚白积极参加党的外围组织"应变应新大同盟"，在教育界、工商界奔走，揭露国民党的腐败和反动，宣传中国共产党的政治主张和政策，对消除反动谣言、稳定民心、保护工商业起到了积极作用。1949年4月下旬，昆山解放前夕，俞楚白积极呼吁昆山各界群众维持城中秩序，保护工商业，等待昆山解放。1949年5月13日，昆山解放后，为保障中国人民解放军向上海进军，他又抱病参加抢修公路、桥梁的工作，受到部队领导的嘉奖。新中国成立后，俞楚白参与设计上海市江湾体育场、中山纪念堂等。其子俞时骧抗战时从军报国，1945年3月在对日空战中壮烈牺牲。

该宅建于民国时期，坐北向南，是歇山式顶的二层西式洋楼，基本保存完整，是昆山市文物保护单位。

俞楚白宅

◎ 马援庄遇难同胞纪念碑

马援庄遇难同胞纪念碑位于昆山市锦溪镇马援庄村。

1938年1月26日上午，日军得悉马援庄有中国抗日军队的情报，遂派兵100余人，分乘18艘汽轮，包围、袭击该村。因袭击游击队未果，日军迁怒无辜群众，把村民押到淀山湖边，用刺刀戳、马刀砍、枪杀等手段，将这些村民残忍杀害。同时，日军还纵火焚烧村内的房屋、船只、粮食，整个村庄被淹没在火海之中。据事后调查统计，被烧毁的房屋64栋204间，船舫7座；被烧稻谷18万公斤；被杀耕牛32头；被害村民108人。

1988年1月，锦溪镇政府在马援庄村南兴建马援庄遇难同胞纪念碑，纪念碑背面刻有被日军杀害的108名死难者中的82名死难者的姓名。2003年，该纪念碑被迁入锦溪镇公墓内。

马援庄遇难同胞纪念碑

◎ 东垞遇难同胞纪念碑

东垞遇难同胞纪念碑位于周庄镇东垞村。

1942年2月21日，侵华日军出动2000多人进驻周庄扫荡，在短短的10多天中，危害无辜百姓200余人，并进行掠夺性抢劫。

1995年9月，周庄镇政府在大娄里泰安桥港南西侧东垞日寇大屠杀遗址建"东垞遇难同胞纪念碑"。1996年7月，在碑前置石书，摘记朱润苍《贞丰八年血泪录》节录。2005年，将碑重建于东垞渡口北侧，东依大东垞港。重建的"东垞遇难同胞纪念碑"为碑亭式，占地225平方米，铺花岗石板，四边置石栏杆，亭中立高2米、宽0.8米的坐北朝南的花岗岩纪念碑，正面镌"遇难同胞纪念碑"行草，背面刻有素底阴文红字碑文。

2009年，东垞遇难同胞纪念碑被公布为苏州市爱国主义教育基地。

东垞遇难同胞纪念碑

苏州市区

◎ 南社通讯处旧址

南社通讯处旧址位于吴江区黎里镇浒泾南路28号。

南社通讯处旧址，初名"寿恩堂"，始建于清代康熙年间。1898年，柳亚子从北厍大胜村搬至黎里时居住于此，直至1922年搬迁至赐福堂（今柳亚子纪念馆）止。寿恩堂为五进深宅院，当时柳亚子一家主要居住于最后两进。1909年，柳亚子与高旭、陈去病创建南社，往来书信都汇集到此处，故称此处为"南社通讯处"。

1997年，南社通讯处旧址被公布为吴江市文物保护单位。

南社通讯处旧址

◎ 丽则女校国耻纪念碑

丽则女校国耻纪念碑位于吴江区同里镇东溪街南濠弄东端原丽则女校旧址内。

丽则女校由退思园第二代主人任传薪先生于1906年创办,是江南著名女校。1915年5月9日,女校全体师生在陈家牌楼厅堂内召开声讨袁贼(袁世凯)大会。为表示持久的卧薪尝胆精神,大会决定立碑明耻。石碑高1.75米、宽0.4米、厚0.16米,顶端呈"八"字形,似一把利剑立于大地,剑锋向上,直刺苍穹。碑身正面刻有"五月九日国耻纪念之碑"10个大字,反面为碑文,由学校的著名国学大师钱基博先生撰写,著名的书法家、秋瑾烈士的挚友吴芝瑛手书。

1938年,日军占领校舍作军营,爱国志士将此碑埋于地下,直到1982年重新出土。1992年,同里镇政府为保护此碑,专门在碑基上建造雪耻亭。1995年,丽则女校旧址被公布为江苏省文物保护单位。2013年,丽则女校旧址被公布为全国重点文物保护单位(与退思园合并)。

丽则女校国耻纪念碑

◎ 叶圣陶纪念馆（叶圣陶墓及执教处旧址）

叶圣陶纪念馆（叶圣陶墓及执教处旧址）位于吴中区甪直镇保圣寺西首。

叶圣陶（1894—1988），原名叶绍钧，字秉臣，现代著名作家、教育家、编辑出版家和社会活动家。1917年至1921年，叶圣陶在甪直镇的吴县县立第五高等小学任教，进行教育改革实践，并从事文学创作。1949年1月，叶圣陶应中国共产党邀请进入解放区，3月担任华北人民政府教科书编审委员会主任，是新中国教材建设的奠基人。新中国成立后，叶圣陶曾担任出版总署副署长、教育部副部长、全国政协副主席、中国民主促进会（简称"民进"）中央主席和名誉主席、中央文史研究馆馆长等领导职务。1988年2月16日，叶圣陶病逝于北京，12月8日归葬于苏州甪直。

1988年10月，当地将叶圣陶在甪直执教的几处旧址辟为叶圣陶纪念馆，永作纪念。2000年11月重新扩建。2014年再次对纪念馆进行全面改造和更新。叶圣陶纪念馆占地4000平方米，建筑面积1000平方米，分为第一、第二展厅，全面介绍了叶圣陶光辉的一生及其在教育、文学、出版、爱国斗争、社会活动方面的卓越成就和重大贡献。室外还开放有四面厅、鸳鸯厅、生生农场、叶圣陶先生墓等。

1995年，叶圣陶纪念馆被公布为苏州市爱国主义教育基地；2001年被公布为江苏省爱国主义教育基地；2017年被公布为江苏省统一战线传统教育基地。

叶圣陶纪念馆

◎ 一·二八抗日将士英雄冢

一·二八抗日将士英雄冢位于吴中区木渎镇善人桥村西马岗山麓。

淞沪抗战发生后，苏州红十字会抢救伤员到苏州治疗，其中，78位国民党将士因伤重而不幸殉难。寓居苏州的李根源等爱国人士倡导捐款捐地，将其葬于马岗山麓，命为"英雄冢"。英雄冢初封土高2米，墓地南北长7米、东西宽28米。左侧碑刻"英雄冢"三字，为李根源先生题；右侧碑刻"气作山河"，为张治中将军题。

1982年、2003年、2004年、2023年，政府多次对其进行整修。1986年，一·二八抗日将士英雄冢被公布为吴县文物保护单位，后变更为苏州市文物保护单位。

一·二八抗日将士英雄冢

◎ 肖特纪念碑

肖特纪念碑位于姑苏区民治路 258 号苏州公园内。

罗伯特·肖特（Robert Short）（1905—1932），出生于美国华盛顿州，是首位援华抗日牺牲的美国飞行员。2014 年 9 月 1 日，肖特被民政部列为第一批著名抗日英烈。

肖特 1930 年来华，次年 6 月以航空退役飞行员身份，受聘中国政府军政部航空学校飞行教官。1932 年 2 月 20 日，肖特驾驶战机从上海飞往南京，途中与日军战斗机相遇激战并击落日机 1 架，成为抗战期间第一位击落日机的飞行员。22 日下午，肖特从南京返回上海时，途经苏州城郊上空，又与日机激战，击毁日军王牌飞行员小谷大尉驾驶的长机。交战

肖特纪念碑

中，肖特被 6 架日机包围并被击中，坠毁于吴县车坊乡，英勇殉难。25 日，苏州市民自发为其举行了隆重的出殡仪式。4 月 28 日，在苏州公共体育场举行肖特追悼大会，并在苏州公园民德亭后立花岗岩纪念碑。车坊民众在肖特殉难处建一花岗岩纪念柱，以永志不忘。全面抗战爆发后，纪念碑、亭俱毁于日军炮火。1947 年，重立"美国肖特义士殉难纪念碑"，后亦因故拆除。2017 年，在苏州公园重立肖特纪念碑，碑上刻《肖特纪念碑重修记》。

◎ 陈去病故居

陈去病故居位于吴江区同里镇三元街 15 号。

陈去病（1874—1933），原名庆林，字佩忍，号巢南，笔名南史氏、醒狮等，吴江同里人。陈去病既是辛亥革命时期的风云人物，又是近代著名的资产阶级民主革命家、著名的爱国诗人和文学家。他早年加入同盟会，发起并组织革命文学团体"南社"，曾任非常国会秘书长、参议院秘书长及大本营前敌宣传主任。北伐战争后，陈去病先后担任东南大学、持志大学教授及江苏革命博物馆馆长等职。四一二反革命政变后，陈去病拒绝政府任职，到苏州中学任教，应聘任苏州古物保管委员会主任。1933 年 10 月 4 日，陈去病患疾不治，逝于同里家中。

陈去病故居为清末民初建筑，现有浩歌堂、百尺楼、绿玉青瑶馆、家庙及下房等共 45 间，占地约 1365 平方米，建筑面积约 823.55 平方米，为无轴线型不规则建筑。

1995 年，陈去病故居被公布为江苏省文物保护单位。

陈去病故居

◎ 陈去病墓

陈去病墓位于姑苏区虎丘西南麓。

该墓坐北朝南,作覆釜形,青砖围砌,水泥封顶,直径5.9米、高2.2米。后筑混凝土罗城,前立碑,设置石供案,铺砌墓道。碑书"陈佩忍先生讳去病之墓",额雕双鹤翱翔。

1982年,陈去病墓被公布为吴县文物保护单位,后变更为苏州市文物保护单位。

陈去病墓

◎ 章太炎故居

章太炎故居位于姑苏区锦帆路38号,当年被称为"章园"。

章太炎(1869—1936),原名学乘,后易名炳麟,字枚叔,号太炎,浙江余杭人,近代民主革命家、思想家、国学大师。章太炎曾参与维新变法运动、反清革命、护法运动和抗日救亡运动,主编《民报》,有《章氏丛书》。1932年起,章太炎多次来苏州讲学。1934年,章太炎购得锦帆路洋房,举家迁居于此。1935年,开办国学讲习会。章太炎在上海从事著述及在苏州讲学期间,始终站在爱国主义的立场上,坚持抗日,反对屈膝投降。1931年九一八事变、1932年一·二八事变发生后,他多次通电呼吁抵抗,并北上面见张学良,促其出兵抗日,收复东北。1936年6月,章太炎病逝于寓所,灵柩因战事葬于寓所后院,1955年4月迁葬杭州南屏山荔枝峰下。其妻汤国梨将章园的五分之四无偿献给国家,作为机关办公用房,仅留后部平房5间及辅房居住,平房前保留章太炎的衣冠冢及《太炎老人画像碑》。现此院落由章氏后人居住。

2011年,章太炎故居被公布为江苏省文物保护单位。

章太炎故居

◎ 司前街看守所旧址

司前街看守所旧址位于姑苏区西善长巷3号。

司前街看守所始建于清朝，1919年10月设江苏高等检察厅看守所，1927年改称"江苏高等法院看守所"。

"七君子事件"中的史良被看押在司前街看守所女监。在

司前街看守所旧址

史良被羁押期间，宋庆龄等发动爱国入狱行动，曾赴苏州并且到看守所看望史良。新中国成立后，关押过史良的监房便被称为"七君子监"。

1941年，日军和汪伪在苏常太地区发动大规模"清乡"运动，逮捕中共党员和爱国人士200余人，将其关押于此。共产党人在狱中秘密成立临时党支部，编辑刊物《劳动战线》。

1946年2月，大汉奸陈公博、褚民谊、陈璧君等亦被关押于此，并在苏州公审，宣判执行。

新中国成立后，该址先后为苏南苏州监狱、苏州市监狱所在地。1977年、1984年两次扩建、翻建新监房，总面积逾2000平方米。现十字监一部分为苏州警察博物馆、苏州禁毒展览馆。

2004年，司前街看守所旧址被公布为苏州市文物保护单位；2022年入选《江苏省不可移动革命文物名录（第二批）》。

◎ 江苏高等法院旧址

江苏高等法院旧址位于姑苏区道前街170号。

明清之际，该址先后为省水利分司署（明代）、按察使署（清代）等。清宣统二年（1910），在此设江苏高等审判厅。1927年10月，此处成为江苏高等法院。

1936年12月至1937年7月，全国各界救国联合会领导人沈钧儒等7人在上海被国民党当局非法逮捕，并被移解苏州，交江苏高等法院审理，他们以法庭为战场，始终坚持"救国无罪"，软来软顶，硬来硬扛，临危不惧，遇骗不受，与国民党当局展开了针锋相对的斗争。七七事变后，全国一致抗战的局面初步形成，国民党当局不得不改弦易张，停止对"七君子"的羁押，于7月31日将"七君子"取保释放。

1949年4月30日后，该旧址为苏州市政府所在地。20世纪80年代拆除大堂及两厅，改建大楼，2003年重修门头、照壁、二堂、内宅、廊厅，再现昔日样貌。

2006年，江苏高等法院旧址被公布为江苏省文物保护单位。

江苏高等法院旧址

外塘碉堡

◎ 阳澄湖抗战碉堡群

阳澄湖抗战碉堡群位于阳澄湖镇北前村、岸山村及阳澄湖镇东面。

碉堡为吴福防线的一部分。现相城区境内仅留存碉堡4座,分别是外塘碉堡、南斜宅碉堡、南天门碉堡、东塘碉堡。

2009年,阳澄湖抗战碉堡群被公布为相城区文物保护单位;现已被列为苏州市控制保护建筑。

◎ 八一三淞沪会战抗日无名英雄墓

八一三淞沪会战抗日无名英雄墓位于吴中区木渎镇善人桥村西马岗山麓。

1937年8月13日，淞沪会战爆发，苏州抗敌后援会赴前线抢救伤员、殡殓将士骨骸，将1200余名将士的遗骸混葬于82口大棺材中，从沪西战场运到苏州藏书。因时间仓促，将其就近安葬在石码头旁的砚山，只立了一块"无名英雄纪念碑"。碑三四十厘米厚，高约3米，背靠灵岩山麓，面向穹窿山坞。碑面镌刻"无名英雄纪念碑"7个大字，碑侧有"腾冲李根源敬立"字样。"文化大革命"期间，墓碑不知去向。

2004年，吴中区政府将其迁移至一·二八抗日将士英雄冢旁边，并按原样重新竖立"无名英雄纪念碑"1座。无名英雄墓与英雄冢紧邻，坐西朝东，四周遍植青松翠柏，更显庄严肃穆。

八一三淞沪会战抗日无名英雄墓

◎ 吴溇孙宅

吴溇孙宅位于吴江区七都镇吴溇村桩桥路287号。

吴溇孙宅,亦名"畲新堂",西临吴溇港,东南北与民居相邻。孙宅即七都望族孙氏的旧宅,代表性人物有孙本文(1892—1979),中国社会学家、心理学家;孙本忠(1897—1968),中国蚕桑育种专家、我国现代家蚕育种奠基人之一;孙世实(1918—1938),孙本文之子,革命烈士。孙本文、孙本忠、孙世实被家乡誉为"孙氏三杰"。

孙宅建于清嘉庆年间,南北向,占地2782平方米,建筑面积1137平方米。建筑为三路三进布局,中路现存大厅、堂楼、菜地。第二进大厅前有双面砖雕门楼,南向刻"通求厥宁",北向刻"燕翼贻谋"。大厅布局规整,雕饰具有"吴头越尾"的地方工艺特点。

2008年,吴溇孙宅被公布为苏州市文物保护单位。

吴溇孙宅

◎ 费巩祖居

费巩祖居位于吴江区同里镇鱼行街 147 号。

费巩（1905—1945），原名福熊，字寒铁、香曾，江苏吴江人。1923 年，费巩考入复旦大学，1925 年参加五卅运动。一二·九运动时，费巩支持学生抗日救亡活动，多次保护中共党员及进步学生。抗日战争爆发后，费巩随浙江大学内迁至贵州遵义。1940 年，费巩被推举为浙江大学训导长，他坚决不加入国民党。1944 年，费巩连续撰文和演讲，要求废止国民党"一党专政"。1945 年 3 月，费巩在重庆遭国民党特务秘密绑架而遇害，尸体被投入硝镪水中溶化。1978 年，上海市政府追认费巩为革命烈士。

费巩祖居建于清代，砖木结构，依河而立，由北到南共三进。第一进是三开间立帖式木结构平房，中间有石库大门，西有备弄，弄口有小石库门；第二进是三开间立帖式木结构楼房，楼前有轩，轩梁木雕精细，南有石板天井；第三进是七楼七底立帖式木结构楼房。东北方有一厢房，分上、下两层，为典型的江南民居。

费巩祖居

◎ 从云小学旧址

从云小学旧址位于姑苏区南显子巷18号。

从云小学旧址

1946年年初，施剑翘在苏州的安徽同乡会馆创办私立苏州从云小学，自任校长。从云小学招收的绝大多数是工人子弟、城市贫民子弟，也有部分孤儿和流浪小孩。从云小学还作为地下民盟的活动据点，秘密印刷《民工通讯》和《光明报》，将秘密电台设置在校内。苏州解放后，施剑翘担任苏州市各界人民代表会议代表、苏州市妇联副主席。1952年，施剑翘将从云小学移交给苏州市政府。同年，并入大儒小学，校址现为苏州市第一初级中学。

2006年，校址内惠荫园被公布为江苏省文物保护单位。

◎ 柳亚子纪念馆（柳亚子旧居）

柳亚子纪念馆（柳亚子旧居）位于吴江区黎里镇中心街75号。

柳亚子纪念馆（柳亚子旧居）

柳亚子（1887—1958），原名慰高，字安如，江苏吴江人，清末秀才，著名的爱国诗人，同盟会会员，南社的创建者、领导者，曾任孙中山总统府秘书、国民党中央监察委员、上海通志馆馆长。1949年，柳亚子出席中国人民政治协商会议第一届会议，任中央人民政府委员，后当选全国人大常务委员，任中央文史研究馆副馆长等职。

柳亚子旧居，原为清代乾隆时期直隶总督、工部尚书周元理的故宅"赐福堂"，建造年代为1773年至1781年。建筑群坐北朝南，前后六进，占地2603平方米，建筑面积2862平方米，备弄深达92.9米。1922年至1927年，爱国诗人柳亚子先生租住于此，从事革命文学创作活动。1987年5月，经中共江苏省委批准，该地被辟为柳亚子纪念馆。

1982年，柳亚子纪念馆（柳亚子旧居）被公布为江苏省文物保护单位；1997年被公布为江苏省爱国主义教育基地；2006年被公布为全国重点文物保护单位；2023年被公布为苏州市党史教育基地。柳亚子纪念馆还是民革党史教育基地、江苏省社会科学普及示范基地。

◎ 李根源故居

李根源故居位于姑苏区十全街279号。

李根源（1879—1965），字印泉，又字养溪、雪生，别署高黎贡山人。云南腾冲人。1905年加入同盟会。武昌起义后，李根源积极投身革命。1923年，因曹锟贿选总统，李根源愤而辞职。1925年，李根源到苏州定居，建此宅院。寓苏期间，他任《吴县志》总纂，担任吴中保墓会会长。一·二八淞沪抗战时，李根源收葬阵亡将士遗骨于善人桥村马岗山。1936年，李根源为营救全国各界救国联合会"七君子"，多方奔走，为"七君子"出狱担保人之一。七七事变后，李根源与张一麐等倡议组织"老子军"，以助抗战。八一三淞沪会战后，他赴前线慰问抗战将士，协助地方收容难民，支援前线救治伤员，收葬阵亡将士遗骸。新中国成立后，李根源历任西南军政委员会委员、全国政协委员。李根源视苏州为第二故乡，新中国成立后，将唐墓志及家藏文物、图书全部捐献给苏州市文物保管委员会。1965年7月，李根源病逝于北京。

故居北向，依次有门屋、客厅、起居楼、书房、庭园等。起居楼为中西式二层小楼，旧貌尚存。因李母姓阙，故当时称此宅为"阙园"，有"曲石精庐""葑上草堂""彝香室"等馆名。

1982年，李根源故居被公布为苏州市文物保护单位。

李根源故居

◎ 王绍鏊纪念馆（王绍鏊故居）

王绍鏊纪念馆（王绍鏊故居）位于吴江区同里镇富观街35号。

王绍鏊（1888—1970），民进创始人之一，爱国民主人士，社会活动家，曾任民进中央副主席、财政部副部长等职。

王绍鏊故居坐南朝北，占地5157平方米，原名"留耕堂"。宅内有东、西、中三条备弄进出。故居为二层小楼结构，一楼为专馆，陈列有关王绍鏊的文献、实物、图片、文字等，内容共分12个部分；二楼为附馆，通过历史回顾，展示王绍鏊革命的一生。

2014年，王绍鏊故居被公布为苏州市文物保护单位；2022年入选《江苏省不可移动革命文物名录（第二批）》；2023年入选《苏州市第二批红色地名名录》。

王绍鏊纪念馆（王绍鏊故居）

◎ 毛啸岑旧居

毛啸岑旧居位于吴江区黎里镇楼下浜路 25 号。

毛啸岑（1900—1976），字兆荣，江苏吴江人。1924 年，毛啸岑由柳亚子介绍加入国民党，并协助发行地方报纸《新黎里》。1926 年，毛啸岑担任国民党江苏省党部文书科科长、秘书长，同时担任《神州日报》《中南晚报》编辑，从事革命宣传工作。1927 年，毛啸岑担任吴江乡村师范学校教导主任。1930 年，毛啸岑参加邓演达组织的"第三党"，并任第三党江苏省党部委员，同年建立吴江乡村师范学校支部，发展 70 多名学生参加。抗日战争爆发后，毛啸岑从事情报工作。1946 年，按照党组织决定，毛啸岑与中共地下党员叶景灏成立上海中级信用信托公司，为党组织筹集活动经费。新中国成立后，毛啸岑曾任中国通商银行公方代表、中国通商银行总经理、公私合营银行上海分行副经理等职，曾是上海市人大代表、政协委员、中国民主建国会委员及工商联常委。

该宅由毛啸岑 1928 年购入，占地 300 平方米，建筑面积 327 平方米，曾是中国农工民主党（简称"农工党"）成立初期重要的基层活动联络点。主体建筑坐北朝南，三楼三底，兼带东、西两厢楼，正中一个天井，天井正南方设有简易砖雕门楼。

毛啸岑旧居

2017 年 7 月，毛啸岑旧居正式开馆，有毛啸岑生平展和农工党史陈列室，是农工党中央党史教育基地、苏州市统一战线传统教育基地。

◎ 李根源墓（李根源纪念堂）

李根源墓（李根源纪念堂）位于吴中区木渎镇小隆中景区内。

1927年，李根源的母亲逝世，葬于吴中小王山，他结庐守墓，在小王山隐居十年，直至1937年抗日战争爆发后复出。在隐居的十年间，李根源开山筑路，修办学堂，造福一方百姓。1965年，李根源病逝于北京，同年葬于小王山。

1985年，原吴县政府拨款修复阙茔村舍，辟建李根源纪念堂，2009年进行扩建整修，建筑面积200平方米，从"生在边陲，心系中华""筹办讲武堂，培养军事干部""辛亥革命，云南起义""反袁斗争，护国军兴""护法运动，北上从政""吴郡访古，阙茔守灵""喜迎新中国，北上度晚年""魂系故里，归葬吴中"8个部分，全面展示了李根源的一生。

1995年，李根源墓被公布为江苏省文物保护单位。

李根源纪念堂

◎ 抗日战争时期死难同胞纪念碑

抗日战争时期死难同胞纪念碑位于吴江区黎里镇南栅浜口。

1937年冬，淞沪失守，江南沦陷。侵华日军疯狂进行"清乡"扫荡，实行"三光"政策。十四年抗战，黎里一隅累计被杀、伤700余人，妇女被奸近百人，房屋被焚烧160余间，受害最重的为施家港、浦家垮、东阳、南星等地，杀人最多者为南栅浜口原日军警备队部。

1995年9月，黎里镇政府立"抗日战争时期死难同胞纪念碑"。纪念碑坐北朝南，高约5米，由碑体和基座两部分组成，碑体为三棱柱形，似一把竖立的宝剑；基座为长方体，基座上刻有《日军在黎暴行录》。

抗日战争时期死难同胞纪念碑

◎ 费孝通墓

费孝通墓位于吴江区松陵街道松陵公园内。

费孝通墓

2005年4月24日，费孝通在北京逝世，享年95岁。2007年4月3日，他的骨灰在吴江松陵公园落葬。

墓地纪念碑上刻着他写下的语句："逝者如斯而未尝往也，生命、劳动和乡土结合在一起，就不怕时间的冲洗了。"纪念碑的下方是一块石雕书卷，象征着费老一生与书结缘，他爱书、写书，埋头读书与著述，也象征着他一生以田野为课堂、以大地为书房，行行重行行，把学术研究作为实现"志在富民"愿望的工具。整个墓区庄严大气，环境优美。

◎ 中国南社纪念馆

中国南社纪念馆位于姑苏区山塘街 800 号。

馆舍原为张公祠（明末抗清志士张国维的祭祠，全称"张忠敏公祠"，简称"张公祠"）旧址，1909 年 11 月，革命文学团体南社在此成立。南社的文学创作传播民主思想、振奋民族精神、激扬爱国热情，掀起了中国文学史上第一次革命文学高潮。

2009 年，张公祠被布展为中国南社纪念馆。纪念馆占地 1500 平方米，建筑面积 1000 平方米。2016 年改造升级，现有"南社风云——唤醒睡狮惊春雷""南社群贤——英才辈出傲风骨""南士共进——风雨同舟道曙光""南风传播——百年传承再发展""南社书房——余音如缕续辉煌"5 个展区。

2019 年，张国维祠被公布为苏州市文物保护单位。中国南社纪念馆为苏州市爱国主义教育基地、苏州市党史教育基地。

中国南社纪念馆

◎ 侵华日军芦莘厍周大屠杀遇难同胞纪念馆（利字窑旧址）

侵华日军芦莘厍周大屠杀遇难同胞纪念馆（利字窑旧址）位于吴江区汾湖高新区芦东村夫子浜。

侵华日军芦莘厍周大屠杀遇难同胞纪念馆（利字窑旧址）

利字窑建于1920年，占地3300平方米，是座南北构建的连体窑，靠南侧的为恒字窑，北侧的为利字窑。1942年2月至3月中旬，侵华日军对芦墟、莘塔、北厍、周庄等地进行"大扫荡"，把从夫子浜和附近窑厂抓到的30多名青壮年，赶进利字窑的窑膛里，逼令3人搬柴到窑洞里口点火，并从窑顶上扔进3颗手榴弹，致使包括被枪杀的3个搬柴百姓在内的20余人遇难。"大扫荡"期间，日寇残杀我同胞2000余人，史称"芦莘厍周大屠杀"。利字窑既是汾湖地区近现代重要历史事件的发生地，也是日本法西斯侵华暴行的铁证。

2015年，利字窑全面整修，新建侵华日军芦莘厍周大屠杀遇难同胞纪念馆。2019年，利字窑被公布为苏州市文物保护单位。

◎ 唐仲英故居纪念馆

唐仲英故居纪念馆位于吴江区盛泽镇目澜社区北新街柳家弄 19 号。

唐仲英故居纪念馆

唐仲英（1930—2018），美籍华人，江苏吴江人。美国唐氏工业集团创始人，著名的实业家、慈善家，"唐仲英基金会"创始人，被誉为"钢铁大王"。他一生热心公益，服务社会，兼济天下，先后向家乡和全国 22 所高校捐资数十亿元用于修建学校、图书馆、医院、居民设施和设立奖学金。2018 年 6 月 23 日，唐仲英先生因病逝世，享年 88 岁。

唐仲英故居建于 20 世纪初，为二层砖木结构小楼，总建筑面积 330.54 平方米，至今已有百余年历史。故居内设有唐仲英生平事迹展，陈列展示部分主要分为"父辈旗帜""薪火相传""大爱无疆""关爱青年"4 个核心主题。

◎ 铜罗汪宅

铜罗汪宅位于吴江区桃源镇铜罗社区人民街41号。

汪宅既是地热科普馆,又是汪集旸院士旧居。汪集旸,1935年出生于江苏吴江,中国科学院院士、国际欧亚科学院院士,地热学家。此宅建于民国初年,共有六进,属吴越地区典型的商住两用濒水民居。房屋南北通透,夹街而筑,占地679.4平方米,建筑面积1030平方米。从南向北依次为:河埠及楼厅、街道、门厅及店面楼、前堂楼、楼厅、后堂楼、辅房,宅内有墙门3座、河埠3座、船坞1个,门外泊舟,粉墙黛瓦,构成了江南"小桥流水人家"的水乡景观。

2005年,铜罗汪宅被公布为吴江市文物保护单位。2019年10月,汪宅修缮工程启动,2020年8月竣工。

铜罗汪宅外景

◎ 倪征燠纪念馆

倪征燠纪念馆位于吴江区黎里镇东亭街太平桥东。

倪征燠（1906—2003），江苏吴江人。1923年，倪征燠考入东吴大学法学院，后获法学学士学位。1928年，倪征燠留学美国，获斯坦福大学法学博士学位。1947年10月，倪征燠以中国检察官首席顾问的身份参与远东国际军事法庭对日本战犯的严正审判。回国后，他担任东吴大学教授兼法律系主任。1956年春，倪征燠任新中国外交部条约委员会委员，从事外交工作。1971年，中国重返联合国后，倪征燠多次出席国际海洋法会议等。1984年11月，倪征燠被第39届联合国大会和安理会选举为国际法院大法官，成为新中国第一位享受国际司法界最高荣誉的国际法院法官。

倪征燠纪念馆于2019年12月建成。纪念馆主要分为东、中、西路。中路第一进是门厅，挂有"倪征燠纪念馆"牌匾；第二进为展厅，布置有倪征燠生平事迹图片展，展示了其各个时期的重要照片，介绍了倪老的一生，分"求学""爱情""东京审判"等板块；第三进是影厅，不仅循环播放了东京审判等相关视频资料，还陈列了"远东国际军事法庭"微缩模型及倪征燠部分生前物品。

倪征燠纪念馆

◎ 顾宅

顾宅位于苏州市姑苏区十梓街116号,是我国著名图书馆专家、版本目录学家、文字学家和书法家顾廷龙的故居。1930年,其子顾诵芬出生于此,并在此生活了5年。

顾宅内景

顾诵芬是著名的飞机空气动力学家,是我国高空高速歼击机的主要技术负责人之一。他主持建立了我国飞机设计体系,先后主持了歼教-1、初教-6、歼-8、歼-8Ⅱ飞机气动布局设计,曾任歼-8副总设计师、歼-8Ⅱ总设计师。基于对歼-8系列飞机的重大贡献,顾诵芬院士被誉为"歼-8之父"。1991年,他当选为中国科学院学部委员,1994年当选为中国工程院院士(机械与运载工程学部)。2021年11月3日,2020年度国家科学技术奖励大会在北京人民大会堂隆重召开,顾诵芬获国家最高科学技术奖。

现存建筑为三路三进,2020年启动修缮。2023年2月,顾宅被打造为集美术馆、艺术众创空间于一体的艺术基地。

◎ 苏嘉铁路百年历程展览馆

苏嘉铁路百年历程展览馆位于吴江区平望镇北斗桥遗址公园内。

历史上的苏嘉铁路大致为南北走向,自京沪铁路吴县站(即苏州站)起,在吴江区设吴江、八坼、平望、盛泽4站,往东跨过运河后进入浙江境内,全长74.44千米。1936年7月正式通车,1944年3月铁轨开始拆除。

苏嘉铁路百年历程展览馆于2023年9月开馆,用地面积约4000平方米,建筑面积约860平方米,其中,布展面积约450平方米。展陈内容分序章、苏嘉铁路的清末前生、正式现身、使命担当、至暗年代、重建历史、圆梦时分和结语8个板块。

苏嘉铁路百年历程展览馆

附录

◎ 党史学习教育工作条例

（2024年1月18日中共中央政治局常委会会议审议批准，2024年2月5日中共中央发布）

第一章 总　则

第一条　为了推动党史学习教育常态化长效化，推动全党全社会学好党史、用好党史，从党的历史中汲取智慧和力量，弘扬伟大建党精神，传承红色基因，赓续红色血脉，根据《中国共产党章程》，制定本条例。

第二条　开展党史学习教育，用党的历史教育人、启迪人、感化人、鼓舞人，是牢记党的初心使命、坚定理想信念、推进自我革命的重要途径，是新时代坚持和发展中国特色社会主义、以中国式现代化全面推进中华民族伟大复兴的必然要求。

第三条　党史学习教育工作坚持以马克思列宁主义、毛泽东思想、邓小平理论、"三个代表"重要思想、科学发展观、习近平新时代中国特色社会主义思想为指导，深刻领悟"两个确立"的决定性意义，增强"四个意识"、坚定"四个自信"、做到"两个维护"，用党的奋斗历程和伟大成就鼓舞斗志、指引方向，用党的光荣传统和优良作风坚定信念、凝聚力量，用党的历史经验和实践创造启迪智慧、砥砺品格，推动全党全社会奋进新征程、建功新时代。

第四条　党史学习教育工作的主要任务是：

（一）学史明理。教育引导党员深刻领悟中国共产党为什么能、马克思主义为什么行、中国特色社会主义为什么好等道理，从历史中寻经验、求规律、启智慧，坚定对党的领导的自信，坚定贯彻落实党的创新理论，坚定不移走中国特色社会主义道路。

（二）学史增信。教育引导党员增强对马克思主义、共产主义的信仰，对中国特色社会主义的信念，对实现中华民族伟大复兴的信心，自觉做共产主义远大理想、中国特色社会主义共同理想的坚定信仰者和忠实践行者。

（三）学史崇德。教育引导党员涵养高尚道德品质，崇尚对党忠诚的大德、造福人民的公德、严于律己的品德，做到始终忠于党、忠于人民。

（四）学史力行。教育引导党员坚持在锤炼党性上力行、在为民服务上力行、在推动发展上力行,不断提高政治判断力、政治领悟力、政治执行力,增强斗争本领,把握历史主动。

第五条 党史学习教育工作遵循以下原则:

(一)坚持党的全面领导;

(二)坚持围绕中心、服务大局;

(三)坚持以史鉴今、资政育人;

(四)坚持统筹谋划、开拓创新;

(五)坚持分类指导、精准施策;

(六)坚持唯物史观和正确党史观。

第六条 党史学习教育工作坚持全面抓与重点抓相统一、覆盖全党与面向社会相贯通。在党员学习教育中,应当突出县处级以上领导干部这个重点。抓好青少年党史学习教育工作。推动党史学习教育进机关、进企事业单位、进城乡社区、进校园、进军营、进新经济组织和新社会组织、进网站。

第二章 领导体制和工作职责

第七条 党史学习教育工作在党中央集中统一领导下,由中央宣传思想文化工作领导小组负责统筹协调、整体推进、督促落实。

中央宣传部、中央组织部、中央党史和文献研究院等部门按照职能职责,做好党史学习教育相关工作。

第八条 各级党委(党组)承担党史学习教育工作主体责任,领导本地区本部门本单位开展工作,整合相关资源,统筹各方力量,发挥优势,形成合力。

第九条 基层党组织承担党史学习教育工作直接责任,把党史学习教育融入日常、抓在经常。

第三章 党史学习教育的内容

第十条 坚持学党史和悟思想相统一,认真学习马克思列宁主义、毛泽东思想、邓小平理论、"三个代表"重要思想、科学发展观、习近平新时代中国特色社会主义思想,学习党坚持把马克思主义基本原理同中国具体实际相结合、同中华优秀传统文化相结合的理论和实践,不断增进对党的创新理论的政治认同、思想认同、理论认同、情感认同。

全面学习领会习近平新时代中国特色社会主义思想，全面系统掌握这一思想的基本观点、科学体系，把握好这一思想的世界观和方法论，坚持好、运用好贯穿其中的立场观点方法，把习近平新时代中国特色社会主义思想转化为坚定理想、锤炼党性和指导实践、推动工作的强大力量。

第十一条 认真学习《关于若干历史问题的决议》《关于建国以来党的若干历史问题的决议》《中共中央关于党的百年奋斗重大成就和历史经验的决议》，学习毛泽东同志、邓小平同志、江泽民同志、胡锦涛同志关于党史的重要论述，学习习近平总书记关于党史的重要论述和指示要求，理解和把握党中央关于党史的最新表述、评价和结论，自觉在思想上政治上行动上同以习近平同志为核心的党中央保持高度一致。

第十二条 全面系统学习党史，学习党在新民主主义革命时期、社会主义革命和建设时期、改革开放和社会主义现代化建设新时期、中国特色社会主义新时代的历史，学习党的不懈奋斗史、不怕牺牲史、理论探索史、为民造福史、自身建设史，认识和把握党对中国人民、中华民族、马克思主义、人类进步事业、马克思主义政党建设作出的历史性贡献。

第十三条 学习和运用党在长期奋斗中积累的宝贵历史经验，坚持党的领导，坚持人民至上，坚持理论创新，坚持独立自主，坚持中国道路，坚持胸怀天下，坚持开拓创新，坚持敢于斗争，坚持统一战线，坚持自我革命。

第十四条 弘扬伟大建党精神，坚持真理、坚守理想，践行初心、担当使命，不怕牺牲、英勇斗争，对党忠诚、不负人民，为强国建设、民族复兴提供精神力量。

第十五条 树立正确党史观，认真学习党史基本著作和权威读本，准确把握党的历史发展的主题主线、主流本质，正确认识党史上的重大事件、重要会议、重要人物，正确对待党在前进道路上经历的失误和曲折，坚决反对和抵制历史虚无主义，让正史成为全党全社会的共识。

第四章 党史学习教育的主要方式

第十六条 党员应当按照党章和有关党内法规要求，根据自身实际，通过阅读党史著作、开展研讨交流、参加教育培训、参观红色场馆、参加实践活动等形式学习党史。

第十七条 各级党委（党组）理论学习中心组应当把党史作为集体学习的重要内容，纳入学习计划。

第十八条 各级党校（行政学院）、干部学院、社会主义学院应当把党史作为干部教育培训的必修课、常修课，充实党史课程，丰富党史教育形式，提高党史教学质量。进修班、培训班等主体班次强化党史学习内容。公务员初任培训、任职培训、在职培训等设置党史课程。团校应当根据实际情况设置党史课程。

第十九条 基层党组织应当把党史学习教育纳入年度工作计划，通过"三会一课"、主题党日等形式开展党史学习教育，每年至少组织1次以党史为主要内容的学习或者主题党日。在发展党员过程中，教育引导入党积极分子认真学习党史。

第二十条 用好学校思想政治理论课渠道，推进大中小学思想政治教育一体化建设，推动党史进教材、进课堂、进头脑，发挥党史立德树人的重要作用。

第二十一条 用好革命博物馆、纪念馆、党史馆、烈士纪念设施、革命旧址等红色资源，保护利用好革命文物，精心设计展览陈列、红色旅游线路、学习体验线路，加强革命传统教育、爱国主义教育、思想道德教育。

第二十二条 把党史学习教育融入重大主题宣传，与新中国史、改革开放史、社会主义发展史、中华民族发展史宣传教育结合起来，加强舆论引导，弘扬主旋律，传播正能量。

做好重要节庆日、纪念日和重大党史事件纪念工作，按照党中央有关规定办好已故党和国家领导同志诞辰纪念活动，开展重大党史事件、重要党史人物和烈士纪念活动。

第二十三条 用好图书、报刊、广播、电影、电视等传播媒介，用好文学、影视、音乐、戏剧、美术等艺术形式，充分发挥文献档案、红色书信、革命诗词等教育价值，鼓励各地利用公共空间开展党史学习教育。

用好互联网技术和新媒体手段，通过党史网站（频道）、网上纪念馆以及微博、微信、短视频、移动客户端等网络平台，打造党史融媒体作品，增强党史学习教育吸引力感染力。

第二十四条　用好新时代文明实践中心、县级融媒体中心和农家书屋、职工书屋等平台，运用报告会、座谈会、知识竞赛、宣讲活动、读书活动等形式，发挥革命英烈、功勋模范、先进典型、时代楷模的示范引领作用，把党史学习教育融入精神文明创建和群众性文化活动。

第五章　保障和监督

第二十五条　党史和文献部门应当发挥党的历史和理论研究专门机构作用，制定党史和文献工作规划，组织开展党史研究、党史著作编写、党史宣传教育、党史资料征集等工作。

各地区各部门各单位应当准确记载本地区本部门本单位党的工作，为党史和文献部门提供资料支持。

第二十六条　加强中共党史党建学一级学科建设，做好人才培养、课程设置、师资队伍建设、科学研究、学术交流等工作。加强党史精品课程建设，建立完善党史精品课程库，利用网络平台、线上课堂等形式，共享优质资源。

第二十七条　按照政治强、业务精、作风正的原则，建设一支结构合理、专兼结合的高素质党史学习教育工作队伍。大力培养优秀党史人才特别是青年人才，造就一批有影响的党史专家和党史宣讲人才。重视发挥老干部、老战士、老专家、老教师、老模范参与党史学习教育工作的作用。

第二十八条　各级党委（党组）以及党委宣传部门、党史和文献部门等应当严格落实意识形态工作责任制，严把政治关。正确处理历史和现实、政治和学术、研究和宣传等关系，旗帜鲜明反对历史虚无主义等错误思潮和观点，自觉与丑化党和国家形象、诋毁党和国家领导人、抹黑英雄模范、歪曲党的历史等言行作斗争。坚决反对形式主义、官僚主义，抵制庸俗化、娱乐化，防止"低级红""高级黑"。

第二十九条　党史学习教育工作经费列入本级预算。

开展党史学习教育，应当坚持勤俭节约，充分利用当地条件就地组织开展相关活动，严禁以学习教育为名变相公款旅游。严禁借学习教育搞不当营商活动,硬性摊派征订辅导读物、音像制品等学习资料。

第三十条　各级党委(党组)应当加强对党史学习教育工作开展情况的监督检查,将其纳入党建工作责任制,纳入领导班子、领导干部目标管理和考核体系,纳入巡视巡察内容。

第三十一条　各级党委(党组)原则上每5年组织开展1次党史学习教育工作情况综合评估,充分运用评估结果,不断改进党史学习教育工作。

对党史学习教育工作中成绩突出的集体和个人,按照有关规定给予表彰奖励。

违反本条例有关规定的,根据情节轻重,依规依纪依法予以处理、处分。

第六章　附　则

第三十二条　军队党史学习教育工作规定,由中央军事委员会根据本条例制定。

第三十三条　本条例由中央宣传部、中央组织部、中央党史和文献研究院负责解释。

第三十四条　本条例自发布之日起施行。

◎ 江苏省红色资源保护利用条例

（2024年1月12日江苏省第十四届人民代表大会常务委员会第七次会议通过）

第一章 总 则

第一条 为了加强红色资源保护利用，传承红色基因，弘扬红色文化，深化爱国主义、集体主义、社会主义教育，培育和践行社会主义核心价值观，根据《中华人民共和国爱国主义教育法》《中华人民共和国英雄烈士保护法》《中华人民共和国文物保护法》等法律、行政法规，结合本省实际，制定本条例。

第二条 本省行政区域内红色资源的调查认定、保护管理、传承利用等活动及其保障监督，适用本条例。

法律、法规对红色资源保护利用中涉及的英雄烈士、文物、非物质文化遗产、档案、历史文化名城名镇名村保护等另有规定的，还应当依照其规定执行。

第三条 本条例所称红色资源，是指中国共产党领导全国各族人民在新民主主义革命时期、社会主义革命和建设时期、改革开放和社会主义现代化建设新时期、中国特色社会主义新时代所形成的，具有重要历史价值、纪念意义、教育功能的物质资源和非物质资源，具体包括：

（一）不可移动红色物质资源，包括重要历史事件、战役战斗、会议、机构等有关的旧址、遗址和纪念地、纪念设施，重要人物的故居、旧居、活动地和纪念地、纪念设施，烈士的殉难处、陵园、骨灰堂、墓葬、英名墙和纪念堂馆、碑亭、塔祠、塑像、广场等纪念地、纪念设施，反映奋斗历程、发展成就、伟大精神的代表性建筑物、纪念物或者场所等，以及其他重要的不可移动红色物质资源。

（二）可移动红色物质资源，包括以物质形态存在的具有历史原真性的重要档案、文献、志鉴、手稿、书信、报刊、图书、音像资料、数据载体，以及其他代表性可移动红色物质资源。

（三）红色非物质资源，包括以非物质形态存在的具有重要影响的文学、影视、音乐、舞蹈、戏剧、美术、书法等文艺作品，口述记忆、宣传标语、英雄模范人物和集体的形象、事迹以及人民群众爱国奋斗故事等。

第四条 红色资源保护利用坚持中国共产党的领导，坚持尊重史实、科学规划、严格保护、有效利用、永续传承的原则，实行党委领导、政府负责、部门协同、社会参与的工作机制。

第五条 县级以上地方人民政府对本行政区域内红色资源保护利用工作负责，将红色资源保护利用纳入国民经济和社会发展规划，建立与红色资源保护利用需求相适应的经费保障机制。

乡镇人民政府、街道办事处按照职责做好本区域内红色资源保护利用工作。

村民委员会、居民委员会协助做好红色资源保护利用相关工作。

第六条 省级按照规定建立红色资源保护利用部门间联席会议机制，做好统筹谋划、研究讨论、协调推进红色资源保护利用工作。联席会议日常工作由省宣传部门承担。

设区的市、县（市、区）宣传部门负责红色资源保护利用的协调指导、督促检查等工作。

第七条 文化和旅游（文物）部门负责红色资源中文物、非物质文化遗产保护利用工作，推动相关的公共文化和旅游服务等工作。

退役军人部门负责与英雄烈士相关的红色资源保护利用工作。

住房城乡建设等部门按照职责负责与历史文化名城名镇名村保护、城乡历史文化保护传承相关的红色资源保护利用工作。

档案部门负责监督和指导红色资源中档案、文献的保护利用工作。

教育部门负责指导学校利用红色资源开展教育工作。

其他有关部门和单位在各自职责范围内，做好红色资源保护利用相关工作。

工会、共产主义青年团、妇女联合会等群团组织应当发挥各自优势，组织开展红色资源保护利用工作。

第八条 任何组织和个人都有依法保护红色资源的义务。

鼓励支持组织和个人参与红色资源保护利用工作。

对在红色资源保护利用工作中做出突出贡献的组织和个人，按照国家和省有关规定给予表彰、奖励。

第二章 调查认定

第九条 本省建立省、市、县三级红色资源名录制度。红色资源名录包括名称、类型、所在行政区域、收藏或者保管单位等基本信息。

对经调查认定的红色资源列入名录予以保护。红色资源调查认定办法由省人民政府制定。

第十条 县级以上地方人民政府应当按照红色资源调查认定办法，定期组织有关部门和单位开展红色资源调查和征集工作。

有关部门和单位应当做好红色资源调查和征集的记录、整理、建档工作，并及时将调查和征集情况提交宣传部门；对散落民间的手稿、书信、口述记忆等红色资源，应当加强抢救性征集。

鼓励组织和个人向有关部门和单位提出列入红色资源名录的建议。

第十一条 宣传部门根据红色资源调查和征集情况，按照红色资源调查认定办法，提出拟列入红色资源名录的建议名单。

对拟列入红色资源名录的建议名单，宣传部门应当组织相关专家评审，听取专家意见，并向社会公示，征求公众意见。公示时间不少于二十日。

宣传部门根据专家意见和公示结果，提出红色资源建议名录，由本级人民政府核定后向社会公布。

第十二条 红色资源名录实行动态调整。

对已列入名录的红色资源，宣传部门可以根据红色资源保护利用的实际并结合专家意见，提出调整建议，由本级人民政府核定后向社会公布。

对新增的红色资源，依照本条例规定列入红色资源名录。

第十三条 县级以上地方人民政府应当建立红色资源名录数据库，运用数字化、网络化、智能化技术对相关资料予以保存和展示，实现红色资源信息共享。

第三章 保护管理

第十四条 县级以上地方人民政府可以依据国土空间总体规划，组织编制红色资源保护利用专项规划。

红色资源保护利用专项规划应当与生态环境保护规划、历史文化名城名镇名村保护规划、乡村振兴规划、文化和旅游发展规划以及大运河国家文化公园建设保护、长江国家文化公园建设保护等其他专项规划相衔接。

第十五条　县级以上地方人民政府应当根据红色资源保护需要，对不可移动红色物质资源划定保护范围和建设控制地带，并向社会公布。

第十六条　不可移动红色物质资源保护范围内禁止下列行为：

（一）生产、存储易燃易爆物品、危险化学品、放射性物品等危险物品；

（二）有损不可移动红色物质资源安全的工程建设或者爆破、钻探、挖掘等作业；

（三）违法排放污染物，倾倒、焚烧垃圾和其他废弃物；

（四）有损不可移动红色物质资源环境氛围的商业、娱乐等活动；

（五）其他有损不可移动红色物质资源安全和环境氛围的行为。

第十七条　依法在不可移动红色物质资源建设控制地带内进行工程建设，应当确保建设规模、体量、风格、色调与不可移动红色物质资源的历史风貌相协调，不得破坏不可移动红色物质资源历史风貌。

对不可移动红色物质资源建设控制地带内已经存在的与其历史风貌不相协调的建筑物、构筑物，应当依法治理。

第十八条　县（市、区）人民政府以及乡镇人民政府、街道办事处应当加强本区域内不可移动红色物质资源建设控制地带的秩序管理，并对周边道路、街区景观进行综合整治，确保环境氛围与红色资源主题相协调。

第十九条　不可移动红色物质资源的保护修缮，应当坚持抢救性保护和预防性保护并重，遵守法律、法规和相关技术规范，最大限度保持其历史真实性、风貌完整性和文化延续性。

对年久失修、濒临毁坏的具有较大政治影响和历史价值的不可移动红色物质资源，县级以上地方人民政府应当及时组织开展抢救性保护。

第二十条　建设工程选址应当避开不可移动红色物质资源。因特殊情况不能避开不可移动红色物质资源的，建设单位应当事先确定保护措施，实施原址保护；对无法实施原址保护，需要实施异地保护或者拆除的，应当按照国家和省有关规定履行报批手续。

第二十一条　新建、改建、扩建不可移动红色物质资源涉及重大革命历史题材等纪念设施的，应当按照国家有关规定履行报批手续。

第二十二条 可移动红色物质资源的保护修复，应当坚持预防性保护和数字化保护并重，采用先进、实用的技术手段和有效的管理方法，全面保存和延续其历史、艺术、科学的信息与价值，确保原真性、完整性、可用性和安全性。

可移动红色物质资源的修复、复制、拓印，应当遵守相关技术规范。

第二十三条 红色非物质资源的保护，应当尊重其形式和内涵，注重真实性、整体性和传承性，采取传承、传播等措施，防止红色非物质资源灭失。

县级以上地方人民政府应当对红色非物质资源依法加强知识产权保护。

第二十四条 红色资源保护实行保护责任人制度。

红色资源所有人、使用人或者管理人为红色资源保护责任人。保护责任人不明确的，由所在地乡镇人民政府、街道办事处负责保护管理，或者由县（市、区）人民政府指定的机构、人员负责保护管理。

第二十五条 红色资源保护责任人应当保持红色资源的原真性、完整性，做好日常维护、修缮、修复工作，不得损毁或者擅自改建、扩建、拆除；对可移动红色物质资源以及红色非物质资源分类建档、妥善保管。

红色资源保护责任人应当做好红色资源的日常检查工作，出现重大险情或者发现存在重大安全隐患时立即向有关部门和单位报告，并在专业机构和专业人员指导下采取抢救性保护措施。红色资源保护责任人应当配合有关部门和单位开展的监督检查、维修。

第二十六条 宣传、文化和旅游（文物）、党史、档案等部门和单位应当对红色资源保护责任人开展日常维护、修缮、修复活动进行指导。

保护责任人不具备日常维护、修缮、修复能力的，红色资源所在地县（市、区）人民政府应当给予帮助。

第二十七条 县级以上地方人民政府对非国家所有的红色资源，可以依法采取财政资助、接受捐赠、产权置换、购买、租赁等方式予以保护。

鼓励组织和个人依法向国家捐赠、出借红色资源。

第二十八条 宣传部门建立红色资源风险排查和研判制度，对区域内红色资源进行风险排查。

举办与红色资源相关的重要活动，发布与红色资源相关的重要信息等，主办方应当进行风险评估。

第四章　传承利用

第二十九条　本省大力弘扬以伟大建党精神为源头的中国共产党人精神谱系，加强红色资源的研究阐释、宣传教育、社会传播，用好用活红色资源，发挥红色资源固本培元、凝心聚力、铸魂育人、推动发展的作用。

第三十条　宣传、党史、档案、教育、地方志等部门和单位以及党校（行政学院）、干部学院等干部教育培训机构，应当加强对红色资源的研究，重点挖掘阐释周恩来、雨花英烈、新四军东进北上、淮海战役等重要革命历史人物和历史事件，以及各个时期本省各地涌现的功勋模范事迹、人民群众创造的宝贵精神财富等红色资源的历史内涵和时代价值。

第三十一条　红色资源主题展览应当以史实为基础，坚持政治性、思想性、艺术性相统一，做到主题突出、导向鲜明、内涵丰富。

红色资源主题展览应当坚持节俭办展、绿色办展，不断丰富陈列展览内容，创新载体形式，运用现代科技手段，增强互动性、体验感。

展览内容和解说词应当准确、完整、权威，按照国家有关规定履行报批或者备案手续。

第三十二条　具备开放条件的不可移动红色物质资源按照有关规定免费向公众开放，或者对未成年人、成年学生、教师、老年人、残疾人和军人等特殊群体实行免费或者其他优惠。

鼓励档案馆、博物馆、美术馆、图书馆以及其他组织和个人将其所有或者保管的红色物质资源向社会开放。

第三十三条　县级以上地方人民政府在中国人民抗日战争胜利纪念日、烈士纪念日、南京大屠杀死难者国家公祭日和其他重要纪念日，应当组织开展纪念活动，举行敬献花篮、瞻仰纪念设施、祭扫烈士墓、公祭等纪念仪式。

国家机关、群团组织、企业事业单位、基层群众性自治组织等根据实际，在"七一"、建军节、国庆节和国际妇女节、清明节、国际劳动节、青年节、国际儿童节等重要节庆日，组织开展纪念庆祝、参观学习、缅怀悼念、入党入团入队仪式等红色教育活动。

鼓励各地利用当地红色资源开展宣传教育。

第三十四条 学校应当利用红色资源,通过课堂教学、社会实践等方式开展教育教学活动。

教育部门应当推动将红色资源融入思想道德、文化知识等教育教学内容,指导学校开展红色教育。

宣传、党史、档案、地方志等部门和单位可以根据实际为学校开展红色教育活动提供指导和服务。

第三十五条 党校(行政学院)、干部学院等干部教育培训机构应当依托红色资源设置教学课程,开展现场教学。

第三十六条 本省将红色资源传承弘扬融入江苏文化品牌,利用机场、车站、港口以及行业窗口等公共空间开展红色资源宣传。

鼓励组织和个人创作以红色资源为素材的文学、影视、音乐、舞蹈、戏剧、美术、书法等文艺作品。

第三十七条 有关部门和单位应当加强网络红色资源内容建设,运用网站、社交媒体、手机客户端等网络传播平台开展红色资源宣传,引导公众自觉抵制损害、否定红色资源的错误言行,传播弘扬正能量。

第三十八条 广播、电视、报刊、网络等媒介应当加强红色资源保护利用宣传报道和公益传播,创新传播方式,提升红色资源的影响力。

第三十九条 县级以上地方人民政府应当推进红色资源传承利用与旅游融合发展,依托红色资源发展红色旅游,加强红色旅游景区建设,完善道路、通讯等基础设施和公共文化服务设施,优化提升红色旅游服务,打造红色文化旅游品牌。

第四十条 鼓励和引导各类市场主体利用红色资源开发文化创意产品,促进红色资源的传承弘扬和保护利用。

第四十一条 县级以上地方人民政府应当运用互联网、物联网、大数据、虚拟现实、人工智能等信息技术,赋能红色资源传承利用,为公众提供陈列展览、展示体验等服务。

第四十二条 鼓励设区的市、县(市、区)人民政府对本地区相同类型红色资源进行整合,规划实施连片保护利用。

鼓励红色旧址、遗址、纪念地、纪念设施等管理单位(以下称红色资源管理单位)与国家机关、群团组织、企业事业单位、基层群众性自治组织、驻地部队等开展合作共建。

第四十三条 本省推动建立红色资源保护利用长三角协同合作、全国性相同类型纪念场馆联盟等跨区域合作机制,支持相邻地区或者相同类型的红色资源管理单位组建合作联盟,加强红色资源保护利用交流合作。

第五章 保障监督

第四十四条 县级以上地方人民政府应当将红色资源保护利用所需经费纳入本级财政预算,根据本地实际实施动态调整,保障红色资源保护利用工作有序进行。

鼓励社会力量通过捐赠、资助、依法设立基金等方式,参与红色资源保护利用工作。捐赠财产用于红色资源保护利用的,依法享受税收优惠。

第四十五条 县级以上地方人民政府应当加强红色资源保护利用人才培养,优化管理队伍,充实科研力量,提高保护修复、陈列展览、宣传讲解等专业人员素养。

鼓励支持高等学校、科研机构参与红色资源保护利用相关专业人才培养。支持符合条件的专业人员申报文物博物、思想政治工作、档案等专业职称。

红色资源保护利用相关事业单位应当加强宣传讲解等专业人员队伍建设。公开招聘专业人员的具体办法,由省文化和旅游(文物)部门会同宣传、人力资源社会保障等部门制定。

第四十六条 支持符合条件的红色资源管理单位,按照有关规定申报爱国主义教育基地和廉政教育基地、党史教育基地、国防教育基地等。

获评爱国主义教育基地和其他基地的红色资源管理单位应当发挥示范带动作用,深入开展教育实践活动,提高红色资源的吸引力、影响力。

第四十七条 鼓励支持公众参与红色资源保护利用相关志愿服务活动,红色资源管理单位应当为志愿服务活动提供指导和便利。

第四十八条 县级以上地方人民政府应当加强对红色资源保护利用工作的监督检查,将红色资源保护利用工作纳入精神文明建设等考核评价体系。

第四十九条 网信、新闻出版(版权)、电影、文化和旅游(文物)、广电等部门和单位应当依法对红色资源保护利用开展日常巡查、行政执法,依法查处违法行为。

第五十条 任何组织和个人不得侵占、破坏、污损或者歪曲、丑化、亵渎、否定红色资源。

任何组织和个人有权对前款规定行为进行劝阻、举报。有关部门和单位接到举报后，应当依法及时处理。

第五十一条 对侵害红色资源、保护不力、利用不当等损害国家利益、社会公共利益的行为，检察机关可以依法提起公益诉讼。

第五十二条 违反本条例第十六条、第五十条第一款规定，有损不可移动红色物质资源安全和环境氛围，侵占、破坏、污损或者歪曲、丑化、亵渎、否定红色资源，英雄烈士保护、文物保护、安全生产、水污染防治、大气污染防治、固体废物污染环境防治、广告等法律、法规已有处罚规定的，依照其规定执行。有关法律、法规没有处罚规定的，由设区的市、县（市、区）人民政府有关部门责令改正；造成损失的，依法承担民事责任；构成违反治安管理行为的，由公安机关依法给予治安管理处罚；构成犯罪的，依法追究刑事责任。

第五十三条 地方各级人民政府和有关部门、单位及其工作人员在红色资源保护利用工作中滥用职权、玩忽职守、徇私舞弊的，对直接负责的主管人员和其他直接责任人员依法给予处分；构成犯罪的，依法追究刑事责任。

第六章 附 则

第五十四条 本条例自2024年3月1日起施行。

◎ 苏州市爱国主义教育基地名录

全国爱国主义教育基地

沙家浜革命历史纪念馆

顾炎武纪念馆、故居

江苏省爱国主义教育基地

东渡苑

常熟市支塘镇蒋巷村

常熟市档案馆

常熟博物馆

郑和纪念馆

昆仑堂美术馆

柳亚子纪念馆

江村文化园

叶圣陶纪念馆

孙武苑

苏州工业园区规划展示馆（含苏州工业园区档案馆）

苏州革命博物馆

苏州市档案馆

苏州烈士陵园

苏州博物馆（含苏州民俗博物馆、苏州工艺美术博物馆）

苏州碑刻博物馆

苏州图书馆（苏州籍两院院士风采展示馆）

范仲淹纪念馆

苏州市爱国主义教育基地

张家港博物馆

沙钢集团

张家港市青少年社会实践基地

张家港市文化中心
沙洲县抗日民主政府纪念馆
张家港双山岛渡江胜利公园
常熟市梅李历史文化博物馆
翁同龢纪念馆
常熟市烈士陵园
铁琴铜剑楼纪念馆
常熟市枫泾文明市民学校
碧溪革命传统教育馆
清权祠
中共常熟党史馆
太仓档案馆
吴健雄墓园
太仓市博物馆
宋文治艺术馆
太仓革命历史陈列馆
朱屺瞻纪念馆
太仓第一个党支部纪念馆
太仓名人馆
太仓市规划展示馆
太仓革命烈士陵园
吴健雄陈列馆
太仓市张溥故居
陶一球纪念馆
东坨遇难同胞纪念碑
七烈士英勇就义纪念碑
侯北人美术馆
巴城老街博物馆群
昆山市烈士陵园
南巷战斗纪念碑（史迹陈列室）

新四军淞沪抗日史迹陈列馆暨周达明烈士纪念馆

昆山市档案馆

吴江烈士陵园

吴江丝绸陈列馆

王锡阐纪念馆

吴江博物馆

吴江区档案馆

吴江区青少年科技文化活动中心

陈去病故居

苏州公民道德馆

王韬纪念馆

吴中区烈士陵园

新四军太湖游击支队纪念馆

东山奋进馆

阳澄湖地区抗日斗争史迹陈列馆

相城区档案馆

荻溪文史馆

相城区烈士纪念馆

中国南社纪念馆

苏州工业园区青少年活动中心

李公堤爱国主义教育实践基地

中国刺绣艺术馆

苏州东吴博物馆

苏州高新区镇湖烈士陵园

苏州市工商档案管理中心

苏州中学（园区校）西马博物馆

苏州市景范中学范仲淹史迹陈列馆

苏州戏曲博物馆

苏州丝绸博物馆

苏州市名人馆

苏州中医药博物馆
苏州园林博物馆
中国华南虎苏州培育基地
苏州园林档案馆
铁铃关战斗史迹陈列馆
苏州市方志馆
苏州市泰伯庙（含吴门书道馆）
苏州日报社报史馆

◎ 苏州市党史教育基地名录

江苏省党史教育基地

苏州革命博物馆

沙家浜革命历史纪念馆

苏州市烈士陵园

新四军太湖游击支队纪念馆

张家港双山岛渡江胜利公园

中共常熟党史馆暨李强革命历程展示馆

与时俱进的昆山之路成果展(昆山科博中心)

中共苏州独立支部旧址

苏州市党史教育基地

永利村党史学习教育沉浸式体验园

沙洲县抗日民主政府纪念馆

张家港市烈士陵园

金村园茂里1926党支部旧址

蒋巷村史馆

常熟烈士陵园

王淦昌故居

太仓第一个党支部纪念馆

太仓革命烈士陵园

太仓革命历史陈列馆

昆山市烈士陵园(烈士事迹陈列馆)

吴江党史馆(中共浙西路东特委、中共吴兴县委旧址)

吴江烈士陵园(张应春烈士墓)

苏州市吴中区烈士陵园

苏州全国劳动模范事迹馆

中共苏州县工作委员会旧址

相城区烈士纪念馆

姑苏区党史陈列展示馆暨姑苏区历史文化陈列展示馆

中国南社纪念馆

苏州工业园区展示中心

何山烈士陵园

谢恺烈士故居

红色新沙洲党史教育展览馆

碧溪之路展览馆

常熟人民抗日自卫队成立旧址

辛庄镇流金光影馆

太仓县政府、太仓民抗成立大会旧址

陶一球纪念馆

中共淞沪中心县委纪念馆

昆山市档案馆档案展示区

江村文化园

柳亚子纪念馆

苏州市光华中学红色校史展示馆

叶圣陶纪念馆

湘城小学"星火耀湘小"红色教育基地

江苏省黄埭中学校史陈列馆

苏州高新区镇湖街道烈士陵园

铁铃关战斗史迹陈列馆

苏州日报社报史馆

上海战役指挥机关旧址

大新抗战历史纪念园

江苏省太湖水利水情教育基地

吴健雄陈列馆

南巷战斗纪念碑（昆南淀山湖抗日游击根据地史迹陈列室）

杨嘉墀故居

东山奋进馆

中共苏州县（工）委交通联络站、江抗驻消泾办事处旧址（阳澄湖江抗纪念馆）

胜浦实小"阳光党建"红色教育基地

太湖红色印记纪念馆

中国工农红军苏州八一红军小学（苏州市虎丘实验小学校）

◎ 苏州市红色地名名录

江苏省红色地名

苏州烈士陵园、阳澄湖、中共苏州独立支部旧址、沙家浜、蒋巷村、永联村、夜袭浒墅关纪念碑、冲山("冲山突围"战斗发生地)、五卅路、伯乐中学旧址、张应春烈士墓、唐家宅基(太仓县政府成立大会会址)

苏州市红色地名

一、重要机构旧址

中共苏州独立支部旧址、中共浙西路东特委和中共吴兴县委旧址、唐家宅基、新四军太湖游击队光福地下交通站旧址

二、重大历史事件发生地

五卅路、铁铃关、苏州高等法院旧址、司前街看守所旧址、浒墅关、冲山、阳澄湖、沙家浜镇、塘桥村、后塍、双山岛、杨漕村、中共常熟县代表大会会址、永兴村(张家港市)、石帆村(虎丘区)

三、革命遗址和纪念地

苏州烈士陵园、伯乐中学旧址、淑英广场、新四军太湖游击支队纪念馆、洋澄县政府纪念碑、张应春烈士墓、大凤湾战斗纪念碑、昆南抗日游击根据地史迹陈列馆、中国南社纪念馆、柳亚子旧居、徐政村、常熟烈士陵园、王淦昌故居、沙洲县抗日民主政府纪念馆、谢恺烈士故居、张家港市烈士陵园、昆山市烈士陵园、中共淞沪中心县委纪念馆、周达明烈士纪念馆、陈三才故居、中共昆山独立支部纪念碑、太仓革命烈士陵园、吴中区烈士陵园、周志敏烈士故居、叶圣陶纪念馆、相城区烈士纪念馆、阳澄湖地区抗日斗争史迹陈列馆、张家浜战斗纪念碑、苏州革命博物馆、金瑞生烈士纪念广场、张应春故居、吴江烈士陵园、群乐旅社旧址、王绍鏊故居

四、代表新中国建设发展成就的地名

苏州工业园区、蒋巷村、永联村、金华村、开弦弓村、太仓港

后 记

　　中国共产党百年奋斗历程中，留下了许多珍贵的革命遗址。这些遗址，既包括党的重要机构旧址，重要党史人物的故居、旧居、活动地，重要事件、重大战役战斗遗址，具有重要影响的革命烈士事迹发生地或墓地，等等，也包括新中国成立后兴建的各类纪念设施等。这些遗址，是宝贵的革命历史文化遗产，是对广大人民群众特别是青少年进行爱国主义教育和革命传统教育的重要阵地。做好红色文化资源的梳理和保护工作，是党史部门的重要职责之一。2023年7月，习近平总书记考察苏州时强调，要保护传承好城市的历史和文脉，"要保护好、挖掘好、运用好，不仅要在物质形式上传承好，更要在心里传承好"。2023年8月，中共苏州市委党史工作办公室联合苏州市中共党史学会启动《苏州红色文化资源手册》的编写工作。

　　本书内容包括革命旧址、遗址，纪念设施，具有代表性的资源，重要文物，其他遗址，附录六部分，每个部分按照行政区划排列。革命旧址、遗址部分主要是指新民主主义革命时期以中国共产党活动为主体的历史发生地和纪念地；纪念设施部分主要是指新中国成立后兴建的涉及新民主主义革命的各类纪念馆、纪念碑、烈士陵园、烈士墓等；具有代表性的资源部分主要是指反映社会主义革命和建设时期、改革开放和社会主义现代化建设新时期、习近平新时代中国特色社会主义建设成就的陈列馆和展示馆；重要文物部分主要是指入选《江苏省可移动革命文物名录》的部分文物；其他遗址部分主要是指与民主党派和进步人士、国民党及其他抗战人士和团体有关的遗址和纪念场馆，以及与日军侵华有关的遗址和纪念设施。本书内容涉及的时间下限为2024年6月。

　　《苏州红色文化资源手册》是全市党史部门共同协作和努力的成果，

各县（市）、区党史部门的有关同志做了大量工作，直接参与编写的同志有：

张家港市涉及的内容由陆文琰、黄宏庆、闫昊、金善开撰稿，毛建锋进行了审阅；

常熟市涉及的内容由张军、刘品玉撰稿，潘志英进行了审阅；

太仓市涉及的内容由朱敏峰撰稿，芮萌进行了审阅；

昆山市涉及的内容由成晓鹏、周艳红撰稿，王豪进行了审阅；

吴江区涉及的内容由胡小军、李星雨撰稿，王恒进行了审阅；

吴中区涉及的内容由顾萍撰稿，柳建刚进行了审阅；

相城区涉及的内容由任亚峰、曹丽琴撰稿，周昕艳进行了审阅；

姑苏区涉及的内容由蔡磊撰稿，张红兰进行了审阅；

苏州工业园区涉及的内容由张晶撰稿，顾振伟进行了审阅；

高新区涉及的内容由张肖千撰稿，赵琛进行了审阅；

苏州革命博物馆馆藏文物资料由储怡、陈洁整理，查燕华进行了审阅；

常熟博物馆馆藏文物资料由顾秋红整理，张军进行了审阅。

本书由盛震莺进行统稿和修改，宋立春审阅了初稿，高志罡、徐海明审定了全部书稿。苏州大学出版社的领导和编辑为本书的出版提供了支持和帮助，付出了辛勤的劳动，在此一并表示衷心的感谢。

由于编写者能力水平有限，书中仍存在不当和不完善之处，恳请广大读者批评、指正。

编　者

2024 年 6 月